AF191568

VOLK IN HYPNOSE

Erinnerungen eines Zeitzeugen

Von Walter W. Schwädke

Herausgeber: Michael Schwädke

Umschlaggestaltung Heinz Glaasker

Verlag: BoD · Books on Demand GmbH, In de Tarpen 42, 22848 Norderstedt, bod@bod.de

Druck: Libri Plureos GmbH, Friedensallee 273, 22763 Hamburg

ISBN: 978-3-7693-0696-5

Dieses Buch ist meinem Vater gewidmet. Mein Dank gilt allen, die mich bestärkt haben die Arbeit an diesem Buch aufzunehmen. Ganz besonderer Dank gilt meinem Freund Heinz Glaasker für die Umschlagsgestaltung und für das Korrekturlesen.

Vorwort

Im Mai des Jahres 1942 wurde mein Vater Walter W. Schwädke vom Oberkommando der Wehrmacht, Dienststelle „Abwehr 1/Luft" zu einem Vorbereitungslehrgang beordert, um seine spätere Tätigkeit als Abwehrbeauftragter in Spanien ausführen zu können. Etwa im Juli 1942 gingen meine Eltern nach Spanien. Dort wurde mein Vater der dortigen Dienststelle Abwehr 1/Luft in Madrid unterstellt. Hier erhielt er den Decknamen „Atún". Ihren Wohnsitz hatten meine Eltern in San Sebastian. Dort wurde ich am 15.11.1944 geboren.

Im Zuge der Repatriierung der Deutschen in Spanien wurden wir 1946 nach Deutschland überführt. Mein Vater wurde in das Internierungslager Ossweil bei Ludwigsburg eingeliefert, während meine Mutter und ich ein anderes Lager zugewiesen bekamen, dessen Name mir nicht mehr geläufig ist.

In dem Ludwigsburger Lager waren bereits einige Personen untergebracht, die während des Krieges führende Rollen innerhalb der NSDAP hatten, oder die in ständigem Kontakt zu Hitler standen. Dies waren u. A. Dr. Morell, Hitlers Leibarzt, Kempka, der Fahrer Hitlers, Schwerin von Krosigk, ehemaliger Minister und andere. So hat es nicht lange gedauert, bis mein Vater, der ein leidenschaftlicher Journalist war, zum Schreiber griff und alles, was die ehemaligen Nazigrößen zu erzählen hatten, aufgeschrieben hat.

Dabei ist nach nunmehr fast 8O Jahren dieses Buch mit dem Titel „Volk in Hypnose" entstanden. Ich, Michael Schwädke, bin im Besitz dieser Aufzeichnungen. Ich habe mich entschieden, meinem Vater zu Ehren, die Unterlagen zu ordnen, abzuschreiben und als Buch herauszubringen.

Auch wenn die Jahrzehnte vergangen sind, so hoffe ich doch, dass einiges, was in diesem Buch zutage tritt, Neues in sich birgt, was zum Begreifen des ungeheuerlichen Geschehens beiträgt.

Michael Schwädke

Auftakt

„Kamerad, wie spät ist es?" Der knochige Pole mit Stahlhelm und Karabiner, der nicht mehr zurück kann in sein heimatliches Weichseldorf, weil er die sowjetischen Grenzfresser nicht weniger hasst als die Nazi-Eroberer, schaut stumm auf die beiden Männergestalten, die vor einem massiven Holzturm Halt gemacht haben. Wie spät? Was gilt diesem von Freund und Feind verschacherten Polensohn die Stunde, der Ort und die Zeit? Sein Drama läuft ohne sie ab. Die Zeit! In monotoner Endlichkeit fließt sie dahin. Es ist immer dasselbe. Seit in Europa der letzte Kanonenschuss verhallte und die letzte Bombe heulend im Steinmeer einer deutschen Stadt explodierte, tausende von Menschen tötend. Im schwarzen Mantel, schwarzen Stiefeln, den Stahlhelm umgeschnallt. Wache schiebend Tag und Nacht. Er sieht die Sonne aufgehen und versinken. Männer bewachen. Frauen bewachen, Alte bewachen, Junge bewachen, kurz „Nazis" bewachen und alles was einmal von nah und fern mit den Hitler-Legionen auf Du und Du gestanden hat. Wie früh? Was meinst Du damit auf Deinem hohen Wachturm zwischen Himmel und Erde stehend? Wirst Du wieder einmal die Sonne über der Weichsel aufgehen sehen? Sei kein Träumer, sei kein Prophet. Träumer und Propheten kommen zu nichts. Bleib wo Du bist, auf Deinem klobigen Wachturm als Hilfssoldat der Männer aus den Staaten, die Dich kleiden und ernähren, wenn sie Dir drüben in Florida, Kalifornien oder sonst wo nur ungern Bürgerrechte geben. Du bist der Mohr, der seine Schuldigkeit getan hat und vielleicht - wer weiß - noch einmal tun muss. Hocke nur weiter hinter Deinem Maschinengewehr und pass auf, dass kein Internierter an die Grenzlinie des Lagers tritt, denn dann musst Du schießen. Noch frisch ist das Grab von dem kaum

Zwanzigjährigen, den einer Deiner Vorgesetzten gestern niederschoss, weil er einem vorbeigehenden Mädchen zuwinkte und zu nah an den Zaun getreten war.

Da tönt es wieder am Fuße des Turms: „Kamerad, wie spät ist es?" „Du weißt doch, die Russen – meine Uhr." Der Angeredete im grauen, abgeschabten Militärmantel, ein 68jähriger mit zerfurchtem Gesicht und einem starren, gläsernen Auge zeigt auf seine schmale Uhr am Arm! „Nur noch Minuten bis sechs!" Pause. Der Pole hustet trocken. „Kamerad", sagt der Grauhaarige mit dem Stock, packt den Jungen am Arm: „Komm, es ist Zeit, die Suppe zu schlucken!" Die Stimme des Alten ist ernst. Der frühere Chef der deutschen Reichskanzlei, Dr. Lammers, war immer ein ruhiger, ernster Mann. Aber jetzt, seitdem ihm die Schreckensnachricht von Berchtesgaden am Heiligen Abend 1945 überbracht wurde, ist er noch ernster und stiller geworden. Dort haben sich in den Maitagen des Kapitulationsjahres seine Frau und seine Tochter erschossen, nachdem sie hintereinander und ein über das andere Mal sich den Zugriffen der „Senegalneger" nicht entziehen konnten. Das Schicksal von Frau und Tochter hatte man Lammers ausgerechnet am Heiligen Abend mitgeteilt.

Sein junger Begleiter in der grünen Joppe der Internierten schreitet langsam neben dem ehemaligen Chef der Reichskanzlei und Minister, der schon vor Hitlers Ära in der Wilhelmstraße saß, einher. Ein einfacher Soldat mit Volksbildung, aber mit einer Welt von Erfahrung, unterhält sich mit dem Mann, der unter Hindenburg und Hitler fremde Botschafter, Minister, Gesandte, Delegierte und Parlamentarier empfing, der die gesamte diplomatische Welt von Moskau bis nach Washington kennt. Wo sind sie alle hin, die Bekannten, die Freunde, die Gesandten, die Minister? Wer kennt noch ihre Namen? Wer erinnert sich noch an sie? Aller Rang, alle Würden, alle Ehren sind wie überflüssige Schlacke heruntergerissen. Nackt stehen sie da. Als Menschen wie zehntausend andere, die hier zusammengepfercht sind, stehen sie da, auf engstem Raum, Stacheldrahtzaun umgeben. Nun sind sie an der schwarzen Barackenparade, wo sie zu zwanzig und mehr auf der Stube hocken, angekommen. Der Minister sagt zu dem jungen Soldaten: „Kannst Du mir eine Nadel leihen? Mein Hemd ist kaputt!" Der Junge nickt. Sie trennen sich. Lammers, verschwindet auf seinen Stock gestützt, mit langsamen Schritten. Der Junge eilt, seine Konservenbüchse zu holen, die beim Essensempfang als Teller für die Erbsensuppe dient.

Zehntausende sind im Lager. Seit über zwei Jahren wandern sie im Viereck des Barackenhofes und durch die öden Straßen der Zeltstadt, schauen sehnsüchtig hinüber zum nahen Städtchen am Fluss, zu den blanken, bomben-verschonten Dörfern am Horizont, tasten mit ihren verloren schweifenden Blicken die grünen Felder und die bläulich in der Ferne schimmernden Berge ab, und warten, warten, warten. Damals nach der Kapitulation, als sie, wie eine Herde von Sklaven, hierher getrieben wurden, reifte das Korn auf den Feldern. „Wenn es geschnitten wird," dachten sie, „sind wir zu Hause." Aber der Sommer ging dahin, der Herbst verging, aus den Feldern stieg der winterliche Nebel auf und immer noch warteten sie, die vielen Hunderttausende in den Internierungs- und Gefangenenlagern der Sieger. Inzwischen gingen die Jahre ins Land, und die Männer hinterm Stacheldraht warteten immer noch. Von vielen Kriegsschauplätzen sind sie hierhergebracht worden. Von den Schlachtfeldern Europas, von den Sandwüsten Nordafrikas und aus der weiten russischen Steppe. Zwischen ihnen hocken als Gefährten des gleichen

Schicksals die leitenden Beamten der Ministerien, der Behörden, der Universitäten und Schulen und der Hitler-Partei. Nach jahrelangem Schlachtenlärm, nach den endlosen grauen Bombennächten, nach dem unsäglichen Elend des Krieges, sehnen sich diese Männer nach Ruhe und Frieden, nach Frau und Kind, nach aufbauender Arbeit. Dinge, die ihnen allen fremd geworden sind. Für viele hat sich selbst die Heimat in Fremde verwandelt, in ein unbekanntes graues Land, in das kein Weg mehr zu führen scheint. Diese stehen allein in der Welt, weil ihnen der grausige Krieg Frau, Mutter, Habe und Hof genommen hat. Obwohl in der Heimat stehen sie in einer feindlichen Welt. Das eigene Volk kann ihnen nicht helfen. Das Wort: „Freunde in der Not, gehen Hundert auf ein Lot" trifft auf das überfüllte Restdeutschland zwischen Rhein und Oder erst recht zu. Ein jeder kämpft Tag für Tag darum, sein bisschen Leben in Gang zu halten, um nicht das Schicksal jener zu teilen, die verhungern und erfrieren. Das aber ist das bitterste Gefühl der Männer hier hinterm Stacheldraht, dass sie Fremde geworden sind im eigenen Volk.

Wie waren die Zustände im Kapitulationsjahr und später in den Lagern? In Bad Kreuznach, in Steir an der Enz, in Ebensee in Österreich, in Heilbronn, in Ludwigsburg oder anderswo? Wie Heringe im Fass, so hockten und wohnten die abgemagerten, vom Krieg ausgezehrten Soldaten, Offiziere und Führungsgestalten des „Dritten Reiches" in den engen Zelten der Freilager oder in den schmalen Stuben der Barackenlager. Über- und nebeneinander geschichtet, dünstend, schwitzend, nach alten verbrauchten Kleidern stinkend, hustend, rülpsend und rauchend, soweit es etwas zu rauchen gab, denn Tabak ist hier so rar wie Goldkörner in der Sahara.

In einigen Stuben herrscht ein kolossaler Luxus, denn dort stehen tatsächlich Holzgestelle, die als Betten bezeichnet werden können, während in vielen anderen Kammern Junge und Alte, Gesunde und Kranke eng gedrängt auf dem kalten Fußboden schlafen, ohne Tisch oder Stuhl. Nur von der Decke baumelt trübsinnig eine schwache elektrische Birne, während in den Zelten selbstgefertigte Petroleumfunzeln schwelen. Das Essen, das den ständigen Hunger nur vorübergehend stillt, aber nicht beseitigt, ist immer das gleiche, ödes Einerlei: fade, wässerige Erbsenmehlsuppe an einem Tag, Kartoffelsuppe am anderen Tag. Und hin und wieder gibt es weder das eine noch das andere, sondern Nudeln. Doch die Handvoll, die der Koch austeilt, genügt nicht, um einen erwachsenen Menschen satt zu machen. Die Folgen dieser Ernährung und der Dauerunterbringung in Baracken und Zelten, oder gar in den Erdlöchern der Freilager, blieben nicht aus: Tuberkulose, Gicht, Rheuma und Hungerödeme stiegen rapide an.

Schlappheit und Verzweiflung griffen um sich. Im Lager Regensburg erhängten sich in kurzem Zeitraum 23 Mann oder schnitten sich die Pulsadern auf. Die Zahl derer, die wahnsinnig wurden, kann gar nicht an zehn Fingern aufgezählt werden. Besonders schlimm entwickelten sich die Zustände im Sommer und Herbst des Kapitulationsjahres. Damals mussten die Internierten im Lager Darmstadt auf nacktem Boden schlafen: ohne Stroh, ohne Bänke, ohne Tische, ohne Heizung, höllenheiß im Sommer, eiskalt im Winter. Wie viele Lager gab es allein, die aus gegrabenen Erdlöchern umgeben von Stacheldraht bestanden, in denen die Insassen jeder Witterung schutzlos ausgeliefert waren und monatelang hungern mussten. Wie viele sind beim morgendlichen Zählappell lautlos zusammengebrochen und liegengelassen worden bis der Appell vorüber war.

Wie viele Hungertote in den Zelten wurden nicht gemeldet, viele Kriegsgefangene wurden bei der Einlieferung geschlagen und misshandelt. Wie viele Gräber verhungerter deutscher Soldaten tun sich in den Lagern auf? Im Camp Auerbach verhungerten rund 3.000 Mann. Diese Männer, die kein anderes Verbrechen begangen hatten, als in den bewaffneten Streitkräften Adolf Hitlers Frondienste zu leisten oder in seinen Ministerien und Dienststellen hervorgetreten waren, konnten sich nur mühsam am Leben erhalten, so schlapp und schwach waren sie in diesem Winter. Man hatte ihnen alles genommen: ihre Freiheit, ihre Familie und ihre persönlichen Sachen. Viele von ihnen sind hernach seelisch todkrank geworden.

Und doch hat sie das gemeinsame Schicksal einander nähergebracht: Soldaten, Arbeiter und Gelehrte, Beamte und Handwerker, Industrielle, Techniker, Kaufleute und Künstler, Lehrer und Journalisten, Ärzte, Rechtsanwälte und Pastoren, Generalstäbler, Minister, Staatssekretäre und Botschafter. Fast alle haben ihre Existenzgrundlage verloren und können nicht wieder in die gewohnte alte Bahn ihres Lebens zurückkehren. Jeder ist hier jedem gleich. Im seelischen Bereich sind sie Kameraden geworden. Sie kennen ihre Sorgen und Nöte. Sie stehen auf Du und Du. Sie alle quält nur eine brennende Frage: Wann können wir wieder nach Hause? Im Frühjahr 1946, als sich die Ernährungsverhältnisse besserten, als die tägliche Kalorienzahl auf den Stand von 1500 stieg, erwachte in den Lagerbewohnern die Arbeitslust, um dem ewig lastenden seelischen Druck, dem ständig lähmenden Grübeln und schmerzlichen Sinnieren zu entgehen. Man war gezwungen, wieder ganz von vorne anzufangen. Aus Kanistern und Konservenbüchsen, aus Holzkisten wurden Öfen, Teller, Bestecke, Tische, Stühle, Betten und schließlich auch Spielwaren gebaut, die bei den Amerikanern gegen eine Handvoll Tabak eingetauscht wurden.

Die geistig Gebildeten erwachten aus ihrer Lethargie und sorgten für Weiterbildung. Fremdsprachen, mathematische und naturwissenschaftliche, kaufmännische und technische Unterrichtsstunden entstanden. Einführungsvorträge in die neuen Probleme der Rechtsprechung und in die Fragen der Völkerrechte wurden improvisiert. Juristische und religiöse Kolloquien lösten einander ab, ebenso Vorträge der neueren und älteren Geschichte, der Atomphysik, der Chemie, der Sternenkunde und der Kirchengeschichte. Keine Fakultät und keine Disziplin der alten „universitas litterarum", die nicht durch berufene Professoren und Lehrer vertreten gewesen wäre. In Handwerkskursen wurden Maurer, Dachdecker und Zimmerleute von ehemaligen Soldaten und Offizieren unterrichtet. Es wurde gehämmert, gebaut, gezeichnet und genagelt, Ziegel gebrannt und Vermessungsarbeiten verrichtet. Am Abend hockten die Männer in den Sprachkursen, wo Russisch an erster Stelle stand. So wurde den Internierten ein Teil ihrer seelischen Belastungen genommen. Aber nur ein Teil, denn immer noch ging im Frühjahr 1947 ein Tag wie der andere dahin, ohne dass ein Ende dieses Daseins unter den Augen der polnischen Wachposten abzusehen war. Die langen Stunden der Einsamkeit, die jeder, der einmal hinter Stacheldraht gesessen hat, erlebt, geben der Seele Anlass, eine Generalbeichte vor sich selbst abzulegen, in sich zu gehen, und eine Inventur des inneren Menschen vorzunehmen. Man stellt Fragen an das Schicksal, versucht Klarheit über das eigene Menschsein zu gewinnen und vieles andere mehr. So schrieb einer in sein Tagebuch: „Hier ist Gelegenheit, wenigstens in seinem Innern neuen Grund unter seine Füße zu

11

bekommen, auf dem man sein Ich und seine Persönlichkeit wieder aufrichten kann. Hier ist Gelegenheit, einen archimedischen Punkt zu finden, von dem aus man Zeit und Menschen dieser wirren und krankhaften Welt unter einem neuen, freundlicherem Gesichtswinkel begreifen kann, um sie leidenschaftslos und mit nüchterner Klarheit zu betrachten." Ein Schuldgefühl bleibt allerdings übrig: Ein erdrückendes, grausiges Gefühl des Entsetzens vor den Wogen der Greulnisse in den Hitlerschen Konzentrationslagern. Die ganze Wahrheit. Die unverhüllte, blutige Bilanz dieser verbrecherischen Taten, die sie mitgetragen und mitverteidigt haben, steigt erst jetzt nach dem Zusammenbruch der Himmlerschen Geheimhaltung vor ihnen auf. Dieses titanische Ausmaß an Verbrechen, die sie nicht gekannt haben, erdrückt und erschüttert sie zugleich. Das bohrt in ihren Hirnen und wühlt in ihren Herzen. Nur, wer in jenen Tagen und Monaten nach dem Zusammenbruch mitten unter ihnen gelebt hat, weiß die Wahrheit dieser Worte. Erwachsene Männer, die geglaubt hatten, ein festes Weltbild zu besitzen, ein solides Fundament, auf dem ihre Persönlichkeit ruht, gehen mit sich selbst zu Gericht.

Zwischenspiel

Ein toll durcheinander gewürfeltes Menschengewimmel, das die Straßen des Internierungslagers Ludwigsburg auf und ab trabte. Große Nazis, kleine Nazis, Mitläufer und repatriierte Nicht-Nazis, SS-Männer jeder Schattierung, Professoren, Minister, KZ-Bewacher, Beamte, Botschafter - kurzum ein repräsentativer Querschnitt durch Hitlers zu Bruch gegangenes Drittes Reich. In diese Menschenmassen fiel dann noch ein Divisions-

Generalstab ein, den man mangels geeigneter anderer Unterkunft kurzerhand in Ludwigsburg eingesperrt hatte. Smarte Jungens übrigens, die im Handumdrehen alle Schlüsselstellungen im Lager an sich gebracht hatten. Sie saßen in der Lagerkommandantur, ließen sich als Blockleiter nieder, richteten sich in den Werkstätten häuslich ein und waren sogar als Krankenschwester im Lazarett tätig. Natürlich nicht der Sache wegen, sondern in erster Linie wegen das Nachschlags beim Essen, mit dem diese Betätigung hoch dotiert wurde.

Das Sammelsurium wurde vervollständigt durch laufende Schübe von Auslandsdeutschen aus aller Welt. „Internierte" nannte man sie, die hier auf ihre Entnazifizierung warteten. Dabei spielte es gar keine Rolle, ob sie Nazis waren oder nicht. Sie wurden zunächst einmal festgesetzt, um von der CIC durchleuchtet und nach braunen Flecken untersucht zu werden.

Unter diesen potentiellen Kriegsverbrechern - ein verdammt hässliches Wort, das viele nicht verdient hatten - waren zwei Journalisten. Auf der iberischen Halbinsel hatte man sie eingefangen, zusammen mit anderen zunächst ins Zuchthaus gesperrt und dann per Militär-Eskorte auf ein amerikanisches Schiff verfrachtet, das die Deutschen aus aller Herren Häfen einsammelte, um sie nach Deutschland abzuschieben. Das nannte man: Repatriieren.

„Niemand wandelt ungestraft unter Palmen", sinniert der eine. „Quatsch", sagt der andere. „Das verdanken wir alle unserem Führer. Der allein hat uns die Suppe eingebrockt." Wie konnte das alles soweit kommen nach diesem unseligen totalen Krieg und dem anschließenden totalen Zusammenbruch so fragten sich zwei internierte

Journalisten. Sie nahmen sich vor, den Dingen auf den Grund zu gehen, um eine Antwort auf das große Fragezeichen zu finden, das zukunftsbedrohend im leeren Raum stand.

Also machten sie sich ans Werk. Zunächst einmal untersuchten sie die Frage, ob die absolute Niederlage im Kriegsgeschehen auf das Schuldkonto von Hitler zu setzen sein? Gesprächspartner waren die General-stäbler, die teils aus Langenweile, teils aus wirklichem Interesse an der Sache, äußerst mitteilsam waren.

Hierbei stellte es sich heraus, dass Hitler für einen Großteil gemachter Fehler und falscher Einschätzungen verantwortlich zeichnete. Hitler als „größter Feldherr aller Zeiten" hatte sich in Ideen und Ziele verrannt, die zu keiner Zeit und in keiner Weise den Erfordernissen der jeweiligen Lage entsprachen. Die Entschlüsse, die er fasste, die Befehle, die er selbstherrlich gab, waren so unverständlich, dass sie nur im Charakter Hitlers begründet sein konnten. Also nahmen die zwei Journalisten auch die Person Hitler unter die Lupe. Gesprächspartner, mit deren Hilfe sie Hitlers Charakter analysieren konnten, boten sich in Hülle und Fülle an. Da waren in erster Linie seine engsten Mitarbeiter und Vertraute, die freimütig Rede und Antwort standen. Die teils um sich selbst zu rechtfertigen, teils aus einer Haftpsychose sehr mitteilsam waren. Sie sprachen offen und frei. Umso mehr, als sie in den beiden Journalisten eben solche Nazis vermuteten wie sie selbst. Diese ungewollte Tarnkappe kam den beiden sehr zugute, um die Wahrheit aus den Befragten herauszuholen.

Und so trugen sie alles Wissenswerte zusammen. Brachten das Wesentliche Nacht für Nacht zu Papier, bis der bewachende Pole an das verhängte Fenster schlug, mit dem drohenden Ruf: „Mach Licht kaputt, du Hund!" „Jawohl, wir werden ein Licht kaputt machen, Polenkind. Aber kein einfaches Licht, sondern einen ganz großen Armleuchter", so schimpften sie vor sich hin und schrieben an ihrem Werk, das sie stolz „Volk in Hypnose" nannten.

Noch einmal: Minister, Generalstäbler, Botschafter, Parteileute und einfache Soldaten erleben in jenen bitteren Jahren der Internierung die Entzauberung des Hitlerschen Nationalsozialismus, die Säkularisierung jenes als heilig gehaltenen nationalistischen Dogmas, das aus einem romantischen und falsch verstandenen Pflichtgefühl gegenüber Führung und Staat ein ganzes Volk in den Abgrund getrieben und mit Schuld beladen hat.

„Wir müssen büßen!" sagen die Besonnenen. Viele schweigen. Manche denken daran, dass sich im Kapitulationsjahr ähnliche Gräuel in den alliierten Internierungslagern abspielten und dass in Nürnberg Seite an Seite mit den Angelsachsen die Massenmörder der russischen Oktoberrevolution saßen. Fragend suchen sie nach der Möglichkeit, einen Schlussstrich zu ziehen und man ihnen die Hand reicht. „Ob die andere Seite sich so großherzig zeigen wird? Und wenn ja, wann wird das sein?" notiert einer in sein Tagebuch. Wahnsinn, Utopie? Wer kann es einem dieser Männer in den Internierungslagern verwehren, an solche Möglichkeiten zu denken? Wer in den Jahren 1945, 1946, 1947 und später in jenen westdeutschen und österreichischen Internierungslagern saß, der weiß: Niemals waren die Legionen hinter Stacheldraht bereiter und aufgeschlossener, ehrliche Umkehr zu halten, ihren hypernationalistischen Irrtum zu bekennen, neu zu beginnen und an einer echten demokratischen

Neuordnung mitzuarbeiten. Doch inzwischen vergingen die Jahre, die Jahre der Diffamierung, der Zurückhaltung und Verdammung. Sollte man den Schlussstrich, von dem die Internierten schon 1946 und 1947 träumten, nicht ziehen? Es braucht nicht zu spät zu sein.

Wie kam das alles? Wie war es möglich, dass alles so aus den Fugen geriet? Dass die Katastrophe so total, so alles vernichtend über Deutschland hereinbrach? Warum konnte die „Krieg-bis-zum-letzten-Mann-Brutalität" des braunen Diktators nicht rechtzeitig gestoppt werden? Warum fand sich keiner, der ihm Einhalt gebot, der ihm in den Arm fiel? Warum gehorchten ihm alle noch, als der Untergang wie ein flammendes Schwert am Horizont glühte? Fragen über Fragen, quälend und drängend. Eine befriedigende Antwort darauf hat noch keiner geben können, weder diesseits des Stacheldrahtes noch jenseits. Die Minister nicht, die Generäle nicht und Hitlers Parteifunktionäre auch nicht.

Eines Abends im Winter 1946/47 diskutierten im Internierungslager 74 in Ludwigsburg eingesperrte Männer aller Schichten, Minister, Offiziere des Generalstabes, Wirtschaftler, Journalisten und andere diese große Frage im kleinen Kreis. Auf primitiven Holzkisten hockten sie um einen einfachen Holztisch in einem Keller der Baracke und tauschten Fragen, Antworten, Meinungen, persönliche Erfahrungen und Erlebnisse aus. Eine Fülle von Situationsberichten, von neuen, aufschlussreichen Aspekten und interessanten Details kam dabei zum Vorschein.

„Das alles müsste man einmal aufschreiben", sagte einer von ihnen. „Bis jetzt haben immer nur die anderen, die Ausländer und die Menschen, die auf der anderen Seite des Stacheldrahtes sitzen, gesprochen. Es muss auch einmal die Zeit kommen, wo auch wir, die wir jetzt diesseits des trennenden Stacheldrahtes sitzen, etwas dazu sagen müssen!" Die anderen schweigen einen Augenblick. Dann kommen die Bedenken: Aber wird man einen solchen Versuch nicht falsch auslegen? Wird man nicht sagen, wir wollen das Vergangene verteidigen oder gar rechtfertigen? Wieder folgt eine Pause. Bis schließlich einer meint: „Vielleicht sind wir es uns selber schuldig, das Unsrige zur Enträtselung des Geschehens beizutragen. Vielleicht haben wir sogar die Pflicht, dort, wo wir können, zur Klarheit beizutragen!" Nun sind sie einverstanden. Der ehemalige Minister unter ihnen, der an einer schmalen, selbstgedrehten „Knaster-Zigarette" zieht, will an einem der folgenden Abende davon berichten, was er erlebt, gesehen und erfahren hat. Hitlers langjähriger Leibchauffeur will den Zyklus der abendlichen Vorträge fortsetzen. Auch der Leibarzt des Diktators, der mit mechanischen Gesten ständig seinen in der Gefangenschaft gewachsenen spitzen Bart streichelt, ist bereit auszusagen.

In den folgenden Wochen beginnt der Kulissenfilm des Dritten Reiches vor dem einzigartigen Forum der internierten Grünjoppen abzurollen. Der ehemalige Nazi spricht zum ehemaligen Nazi, der Internierte zum Internierten, der Deutsche zum Deutschen, ohne fremde Ohren. Es ist ein ehrliches Bestreben, leidenschaftslos zu sein und die Wahrheit zu suchen, auch wenn sie weh tut und grausame Schuld und Irrtümer verrät. Da sitzen diese Männer hinter Stacheldraht im Kreis auf harten Holzkisten um einen Ihrigen herum, der vor dem 8. Mai Generalstäbler, Reichsminister, Botschafter, Gelehrter oder Offizier der Waffen-SS war. Der Redner spricht ohne Pathos und ohne Autorität, die sein früheres Amt ihm verlieh, ohne Drang, der ihm früher Distanz sicherte. Ein Mensch unter Menschen. Ein Gefangener unter Gefangenen, ein Suchender unter Suchenden. Auf grauem Packpapier, etwas Anderes gibt es hier nicht, wird mitgeschrieben. Einmal ist es der schmale Kellerraum, in dem sie sich versammeln, ein anderes Mal der Dachboden. Gespannt lauschen sie dem berichtenden Kameraden, der morgen von einem anderen abgelöst wird. Langsam hebt sich der Vorhang vor ihren Augen. Stück für Stück enthüllt sich das Panorama der politischen und militärischen Geschehnisse der letzten Kriegsjahre. Es ist die große Generalbeichte der Nachkriegsinternierten, der Männer hinter dem Stacheldraht des Siegers, der Männer, die Soldaten, Offiziere oder höchste Beamte. Sie durchforschen ehrlichen Herzens die Vergangenheit, um der Zukunft willen.

Schwerin von Krosigk referiert

Aus den grauen Baracken strömen die Männer hinter Stacheldraht in einem großen, kahlen Speicherraum zusammen, der sich kalt und nüchtern in einer ehemaligen Kaserne befindet. Im Ludwigsburger Internierungslager 74 kommen zahlreiche frühere Prominente zusammen. Fußhoch liegt draußen der Schnee. In grünen Windjacken sammeln sich auf dem Dachboden die Internierten, Junge und Alte, Verhärmte und Abgespannte, aber auch solche, denen wieder der Glanz in den Augen leuchtet, weil sie sich zu der dünnen Hoffnung durchgekämpft haben, dass auch ihnen eines Tages die Sonne wieder scheinen wird.

Da erscheint plötzlich im Türrahmen, schmal, schlank, mit lebhaften Augen und einem energischen Mund, genauso einfach und schlicht gekleidet wie die Mehrzahl der Grünjoppen, der ehemalige Finanzminister Schwerin von Krosigk. Einer unter Tausenden von Internierten. Aber dieses Mal richten sich alle Augen auf ihn, wie er durch den Saal geht und sich in die Nähe des schwarzen Ofens stellt, der den aussichtslosen Versuch macht, diesen Riesenraum unter Dachziegeln mit einem Hauch von Wärme zu füllen. Das Stimmengewirr verstummt. Der Lagerleiter erklärt, dass der Exminister und letzte Verwalter der außenpolitischen Geschäfte Deutschlands vor der Kapitulation über die letzten Tage des Hitler-Kabinetts „zu den Kameraden" sprechen will. Die Kunde davon hat sie aus den zahllosen Baracken und Stuben hergelockt, und selbst aus dem Lazarett sind Genesene gekommen. Der Andrang ist so groß, dass nicht alle Platz finden und dass der Vortragende seine packende Erzählung in den folgenden Tagen wiederholen muss. Denn das ist das Phänomen dieser Lagermenschen, die in diesem frostkalten Winter 1946/47 schon zwei Jahre lang hier zusammengepfercht zusammenhocken: Sie hungern nach geistiger Nahrung, nach Aufklärung über all das Unfassbare, was über sie hinweggerollt ist, wie ein alles begrabender Moränenstrom. Zu viele Illusionen sind zusammengestürzt, zu groß ist die Zahl der Hoffnungen persönlicher und beruflicher Art, zu enorm quälend ist das Erwachen aus der dämonischen Hypnose, durch die sie dirigiert worden sind. „Die Wahrheit" steht unausgesprochen in riesigen Lettern über dieser abendlichen Versammlung der ehemaligen großen und kleinen Mitarbeiter im Dritten Reich. „Wir wollen die ganze bittere Wahrheit wissen!" Sie suchen sie, wo sie sie zu finden glauben, und Stück für Stück setzen sie, wie Mosaiksteinchen, das Bild zusammen, das diese Wahrheit widerspiegeln soll. Auch das Wort des Exministers, der nichts von seiner geistigen und körperlichen Beweglichkeit eingebüßt zu haben scheint, ist ein solches Steinchen, nach dem sie gierig greifen, um es in ihr Puzzlespiel mit der Überschrift: „Was geschah denn wirklich" einzufügen. Andächtig hören sie zu, als der Mann am Ofen zu sprechen beginnt.

Der Exminister greift zunächst eine Frage heraus, von der er weiß, dass sie alle diese Männer bewegt, ob sie nun von der Front hierher gekommen sind oder aus den Ministerien, aus der Industrie, aus der Anwaltspraxis, aus den Universitäten, aus den Botschaften im Ausland oder von welchem Platz auch immer. Es ist die Frage, die sich Millionen Menschen in aller Welt gestellt haben, Menschen des deutschen Volkes, das am direktesten beteiligt war, und Menschen fremder Völker. Die Frage: Wer löst das Rätsel, dass es diesem blinden Fanatiker Hitler bis in die allerletzten bitteren Stunden des Zweiten Weltkrieges möglich war, Befehle auszuteilen und - was noch verwirrender ist - selbstzerstörerischen Gehorsam zu finden, ja, sogar noch eine Art dämonisches Vertrauen in ein imaginäres letztes rettendes Wunder zu suggerieren? Gebannt hängen die Augen der Internierten, deren übergroße Zahl den Diktator nur aus der Ferne kannte und ihm nie Auge in Auge gegenübergetreten ist, an den Lippen von Ribbentrops kurzlebigen Nachfolger. Aber auch der letzte deutsche Außenminister vor der Kapitulation kann diese Kardinalfrage nicht beantworten. Er kann nur Beispiele geben von der ungeheuren Suggestivmacht, die von Hitler ausging und die auch von zahlreichen anderen Seiten bestätigt worden ist. Über die Maßen plastisch und eindrucksvoll offenbaren sich die beiden Proben der Suggestivkraft, die Schwerin von Krosigk an diesem dunklen Winterabend hinter Stacheldraht seinen Schicksalsgenossen verlebendigt. „Wer vollbeladen mit Sorgen zu ihm hineinging, kam erleichtert wieder heraus!" Es klingt unglaublich. Gab es denn keine Persönlichkeit, die stark genug war, um das

Schlingengestrüpp der Hitlerschen „Monologe zur Lage" mit eiskalten, unantastbaren Gegenargumenten zu zerschlagen? Versuche sind genug gemacht worden, selbst vonseiten seiner engsten Mitarbeiter. So fuhr im Januar 1945 kein anderer als der Chef des Sicherheitsdienstes, Kaltenbrunner, mit dem festen Entschluss zu Hitler, um diesem einen ungeschminkten Situationsbericht zu geben. Im Kampf mit tausend quälenden Befürchtungen über die sich rapide zuspitzende Entwicklung hatte sich Himmlers engster Mitarbeiter zu der Erkenntnis durchgerungen, dass „eine Änderung erfolgen müsse". Zweifellos hatte Kaltenbrunner von den gleichartigen Zweifeln Himmlers erfahren, der - unentschlossen und ständig zaudernd - eine Entscheidung immer wieder hinauszögerte. Als Kaltenbrunner mit harten Augen und zusammengepressten Lippen Hitler gegenüber trat, erfasste dieser sofort intuitiv, was ihm der Chef des Sicherheitsdienstes sagen wollte. Einen Augenblick sahen sich die beiden Männer an. Dann, als Kaltenbrunner den Mund zum Reden öffnen wollte, trat Hitler an ihn heran und sagte fast beschwichtigend, obwohl sich bereits in seinem Innern der Groll beißend zusammenballte: „Kaltenbrunner, auf Sie habe ich gewartet! Kommen Sie, ich habe Ihnen etwas zu zeigen". Hitler ging Kaltenbrunner ins Nebenzimmer voran und breitete dort auf einem Tisch in eisiger Ruhe eine Reihe von Wiederaufbau- und Ausbauplänen von Linz aus, Kaltenbrunners Heimatstadt. Fast eineinhalb Stunden lang dozierte der Diktator mit einer entnervenden Fülle von Details und in scheinbar hastloser Besonnenheit über die architektonische Stadt Linz, während sein Besucher ohnmächtig gegenüber dem Redestrom Hitlers und ohne Mut, durch einige schnell dazwischen geblitzte Worte das Thema zu ändern und von sich aus das Gewitter auszulösen, wie von tausend Nadelstichen gepeinigt und verbissen zuhörte, wie ein aufs Äußerste gereizter Fechter, der vergeblich auf das Signal zu Beginn des Duells wartete. Aber es sollte nicht zum Duell kommen. Denn ehe es sich der Chef des Sicherheitsdienstes versah, holte Hitler zu einem Schlag aus, der Kaltenbrunner schachmatt setzte und seine ganze Absicht, Hitler „die Wahrheit" zu sagen, vernichtete. Urplötzlich, während Hitler eben noch von Linz gesprochen hatte, drehte er Kaltenbrunner das Gesicht zu, besah ihn voll und scharf und donnerbrauste ihn an: „Ja, Kaltenbrunner, glauben Sie denn, ich würde mit Ihnen eineinhalb Stunden lang über den Wiederaufbau von Linz sprechen, wenn ich nicht vom Sieg überzeugt wäre?" Wie wuchtige Keulenschläge sausen diese von Hitlers dunklem Organ heraus-geschleuderten Worte auf den verdutzten Kaltenbrunner nieder. Die stahlblauen Augen Hitlers scheinen direkt körperlich zu stechen. Im Bruchteil einer Sekunde kapituliert der Chef des Sicherheitsdienstes vor dem Diktator. Alles, was er sich vorgenommen hatte, Hitler zu sagen, bleibt ihm im Halse stecken. Und das Unglaubliche geschieht: Die Zweifel werden betäubt, die Holzhammer-Hypnose beginnt zu wirken, ein unbestimmtes, durch nichts zu rechtfertigendes mystisches Vertrauen, dass der „Führer" doch Recht habe, beginnt seine Sinne zu füllen. Als er Hitler verlässt, fühlt er sich neu gestärkt und irgendwie wieder zuversichtlich. Wie lange diese Hypnose allerdings dauert, als er wieder aus der verzauberten Atmosphäre der Unwirklichkeit des Magiers zurückkehrte, weiß keiner. Der Exminister schweigt einen Augenblick. Auf den Gesichtern seiner Zuhörer malt sich tiefes Nachdenken, ungläubiges Erstaunen, ein Nichtbe-greifen, das auch noch jetzt anhält, wenn man sie nach all diesen Jahren zu diesem Punkt befragt. Doch Schwerin von Krosigk setzt seine lebendige Schilderung mit lebhaften Gesten fort, und wieder verdichtet sich die Spannung im Raum und hält die Lauschenden gefangen.

Schon wenige Wochen nach dem Kaltenbrunner-Intermezzo - inzwischen war die Katastrophe noch blutiger und selbst für einen treuen Nibelungen-Mystiker deutlich geworden - gibt Adolf Hitler Ende Februar 1945 ein neues makabres Schauspiel seiner Suggestivkraft, die alles nüchterne Prüfen ausschaltet. Es ist die letzte düstere Vorstellung dieser Art vor dem Ende. Der Diktator hatte seine Gauleiter zusammengerufen, um ihnen Korsettstangen einzuziehen. Er fühlte nur zu deutlich, dass seine Paladine voller nagender Zweifel waren, schon längst nicht mehr an ein militärisches Wunder glaubten, sondern sich irgendwie an den brüchigen Strohhalm einer möglichen politischen Lösung klammerten. Wie diese aussehen sollte, davon hatten sie so gut wie keine Vorstellung. Hier und da waren unkontrollierbare Gerüchte durchgedrungen, deren Fäden einmal nach Moskau liefen, zum anderen bis nach London reichten. Aber was stand dahinter? Dichtung oder Wahrheit? Vielleicht hatte der „Führer" seine Fühler bereits erfolgreich ausgestreckt? Die Gauleiter kannten die wahre Meinung des Auslands nicht und ließen die dennoch auftauchende Einsicht, dass Hitler nicht mehr verhandlungsfähig sein könnte, nicht aufkommen. Hitler würde sie wohl aufklären. Dachten sie. Es war aber körperlich nicht mehr der alte Hitler, der ihnen auf der letzten Gauleiterbesprechung des Dritten Reiches gegenübertrat. Der Diktator ging leicht vornübergebeugt und schleppendes Schrittes, in seinem Gesicht tiefe Furchen, mit mattem Blick. Das war der erste Eindruck. Aber er sollte nicht lange dauern, als Hitler mit Beginn seines Vortrages zu sich selbst erwachte, und er im Angesicht seiner Parteihaudegen, die ihn erwartungsvoll fragend anblickten, wieder die alte Lust am rasch abrollenden, gleichsam ex cathedra dozierenden Monolog verspürte, und einen Augenblick lang der Rausch des Demagogen über ihn kam. Das war jenes elektrisierende Fluidum der politischen Versammlungen, der internen Parteikonklaven und ganz allgemein der Menschenbeeinflussung. Sein Körper straffte sich, seine Augen gewannen neuen Glanz. Der Hypnotiseur durchdrang die Atmosphäre und begann zu brillieren. Er teilte seinen Vortrag in drei Teile ein, wie wenn er eine große Rede im Berliner Sportpalast zu halten habe. Der erste Teil ging von geschichtsphilosophischen Betrachtungen aus, die in apodiktisch hingeworfenen Formulierungen gipfelte: Die Historie hat bewiesen, dass harte Völker, die sich von schweren Nackenschlägen nicht zerbrechen ließen, am Ende den Sieg davontrügen. Der zweite Teil des Trostpanoramas, das er vor seinen Gauleitern ausbreitete, war politischer Natur. Mit beredten, auf den ersten Blick logisch erscheinenden Argumenten entwickelte der Diktator die These, dass Ost und West aufeinanderprallen müssten, da der kapitalistische Westen und der bolschewistische Osten, die bisher vom gemeinsamen Hass gegen Deutschland zusammengehalten worden seien, im Augenblick, da ihnen scheinbar der Sieg winke, auseinanderfallen und in einen tödlichen Gegensatz geraten würden. Je näher sich ihre Vorposten zusammenschöben, desto schneller würde die gegnerische Koalition aufreißen und zerspringen. Im dritten Teil seines „Lageberichtes" erklärte Adolf Hitler dann seinen staunenden Statthaltern, dass damit der Moment immer näher rücke, in dem Deutschland mit Hilfe seiner neuen Waffen ein gewichtiges Wort mitzureden haben würde. Er nannte mehre V-Waffen, Stratosphärengeschosse mit Überschallgeschwindigkeit, neue und radarsichere überschnelle U-Boote, die bereits im Mai eine neue Atlantik-Schlacht schlagen sollten, ein neues Nervengas, verbesserte Torpedos,

Raketen, die die feindlichen Pulks vom Himmel holen sollten und andere Dinge mehr. Die eine oder andere Front werde versuchen, sich des deutschen Beistandes für die kommende Ost-West-Auseinandersetzung zu sichern. Zweifellos war Hitler, so bestätigten die Männer, die vormals in seiner allernächsten Umgebung standen, der festen Überzeugung, dass die neuen Waffen eine Wende in der militärischen-politischen Situation herbeiführen würden, zumindest die Forderung von Casablanca auf bedingungslose Kapitulation zum Einsturz bringen würden. Dies war eine seiner geheimen Hoffnungen bis kurz vor dem Ende. Sein verkrampftes Gehirn konstruierte verheerende Auswirkungen der deutschen V-Waffen beim Feinde, und er leitete daraus die Vorstellung ab, dass die Westalliierten die „unconditional surrender" Formel überprüfen und einer Form der Kampfeinstellung im Westen zustimmen würden, die es ihm ermögliche, den Krieg nach Osten weiterzuführen. Unter den politischen Argumenten, mit denen Hitler seinen Gauleitern auf dieser letzten Besprechung aufwartete, ragte daher eines scharf profiliert heraus: Der naive Glaube, dass die Engländer es „last but not least" nicht zulassen würden, dass Stalin bei einem Brechen der deutschen Ostfront bis in das Herz Europas vorstoße. Bis zuletzt gab sich der Diktator dem Wahn hin, der britische Kriegspremier Churchill werde selbst zu den dramatischen Mitteln greifen, um einen russischen Vorstoß in das europäische Herzstück zu verhindern. Hitlers rednerisches Feuerwerk klang so logisch, so überzeugend, dass die Gauleiter, als Hitler seine Ausführungen schloß, tatsächlich eingefangen und von seiner Beredsamkeit befangen waren. Sie nahmen Hitlers Erklärungen, insbesondere was die neuen Waffen betraf, für reale Größen, obwohl sie in Wirklichkeit embryonär vorhanden waren und Hitler gleichsam in einen luftleeren Raum hineingesprochen hatte. Auch seinen politischen Argumenten folgten sie kritiklos, da sie Gegenargumente, die ebenso logisch waren und dabei von realeren Voraussetzungen ausgingen, nicht kannten. So geschah es, dass es dem großen Zauberer" selbst vor dem katastrophalen Ende noch einmal gelang, seine engsten Mitarbeiter im zusammenschrumpfenden Reich mit einer gewissen imaginären Zuversicht zu erfüllen. Und dies trotz der unübersehbaren Menetekel-Zeichen, die die immer verhängnisvoller werdende Kriegsentwicklung täglich an den grell flammenden Horizont schrieb.

Der Erzähler in der grünen Lagerjoppe schwieg. Der Eindruck seiner Worte lag deutlich in den Gesichtern seiner Zuhörer. Die Frage, wieso es möglich war, dass Hitler trotz besserer Erkenntnisse seiner näheren und ferneren Umgebung bis in die letzten Stunden seines Leben Gehorsam fand, obwohl die furchtbare Sinnlosigkeit seiner Befehle immer klarer zutage trat, schien auch mit der Schilderung dieser beiden Episoden aus dem letzten Halbjahr vor der Kapitulation nicht beantwortet. Aber der Exminister hatte gegenüber dem unablässig fragendem Forschen der Mitinternierten den Versuch einer Erklärung für die Suggestivkraft dieses Mannes, Adolf Hitler, gemacht und die Lagerinsassen, die im „Hitler-Reich" an den verschiedensten Stellen führend und mitarbeitend gestanden hatten, formulieren jetzt die andere Frage: „Wie soll man das begreifen?" Wie soll man es verstehen, dass ein einzelner Mann praktisch bis zu seinem letzten Atemzug ein ganzes Volk bis zum bitteren Ende dominierte und ihm seinen Willen aufzwang. War wirklich keiner der Hypnose gewachsen? War das Verhängnis wirklich ein finsteres Faktum, unausweichlich und unerbittlich?

Seit der letzten Gauleitertagung sind wieder vier Wochen vergangen, und weder hat das offizielle England das geringste Zeichen dafür gegeben, dass es einen allzu tiefen Durchbruch der Russen nach Europa durch dramatische Schachzüge politischer Art Einhalt gebieten will, noch sind die Wunderwaffen in Aktion getreten. Stattdessen hat sich die Kriegslage weiterhin rasend verschlechtert. Da geht plötzlich am 12. April die Tür zu Hitlers Arbeitsraum auf. Eine brandeilige Meldung wird dem Diktator übergeben. Goebbels, der gerade bei Hitler ist, erhebt sich erwartungsvoll von seinem Sitz und blickt Hitler mit forschen Augen an. Dieser überfliegt die Meldung, um dann ruckartig zu Goebbels herüber zu sehen, der schweigend auf ein Zeichen seines Herrn wartet. Mit unverkennbarer Genugtuung, mit einer Erleichterung, die wie die Loslösung von einem Albdruck klingt, hackt Hitler die Worte heraus: „Roosevelt ist tot!" Einen Augenblick stutzt der Propagandaminister, dann kommt seine Reaktion spontan und schnell. Seine Augen blitzen. „Das ist ein gutes Omen!" hört der Anwesende Leibarzt, Professor Morell, Goebbels sagen, der rapide weiter kommentiert: „Die Wende kündigt sich an!" Hitler schweigt einen Moment lang, so, als wolle er die tieferen kosmischen Zusammenhänge dieser Todesnachricht aus dem Weißen Haus überdenken. Dann antwortet er Goebbels und erinnert an eine Prophezeiung, dass zwei der leitenden Staatsmänner der kriegsführenden Nationen sterben würden, und dann der Kampf zu Ende sein werde. „Der erste Staatsmann ist tot," erklärt Hitler kategorisch und mit großer Überzeugung. „Glauben Sie nur an die Vorsehung. Der zweite wird Churchill sein, denn er säuft sich tot!" Rückhaltlos stimmt Goebbels Hitler zu. Eine Sekunde lang ist es wie ein Aufatmen in der drückenden Atmosphäre dieser Aprilwochen. Wieder hilft für kurze Zeit jener mystische, irreale

Glaube, dass die Vorsehung rettend eingreifen müsse, die Gemüter Hitlers und seiner Vasallen zu beruhigen. Dass er selbst der zweite Staatsmann sein werde, dessen Tod gemäß der Prophezeiung, das gleichzeitig Finale des Krieges bedeuten werde, dies kam Hitler selbst zu diesem späten Zeitpunkt, da die Heere der gegnerischen Koalition, nur noch ein paar Tagesmärsche voneinander entfernt waren, nicht in den Sinn. Wie ein magnetischer Fixstern schwebte in der verkrampften Vorstellungswelt des braunen Diktators immer noch das dumpfe Empfinden, dass noch „irgendetwas Unvorhergesehenes" passieren werde, das die Lage ändern könne. Und obwohl er bei Roosevelts Tod seinem Propagandaminister und seinem Leibarzt gegenüber versichert hatte, dass Churchill sich auch noch „Tot saufen" werde, klammerte sich Hitler fast wie ein Irrer an die Überzeugung, dass der gleiche Churchill vor dem drohenden wachsenden roten Schatten aus dem Osten, den Kampf im Westen einstellen werde. Roosevelts Tod wurde von ihm so gedeutet, dass damit das Haupthindernis für einen Frontwechsel des Westens gegenüber dem Osten „durch die Vorsehung" ausgeräumt worden sei und Churchill freie Hand haben werde, um die dringend notwendige Kehrtwendung vorzunehmen. Es gab in diesen Apriltagen 1945 Stunden, da Hitler buchstäblich darauf wartete, dass jeden Augenblick eine Meldung eintreffen würde, die die von ihm gewünschte und „intuitiv" erfasste und geglaubte Entwicklung andeuten würde. Bis in die allerletzten Tage sagte Hitler im engst vertrauten Kreise: „Churchill muss einsehen, dass ich freie Hand im Osten haben muss. England muss einsehen, dass der Bolschewismus Europa nicht überfluten darf!" In kurzen, düster-dramatischen Monologen erinnerte er daran, dass er Großbritannien stets einen großzügigen Frieden angeboten habe, der den Bestand des britischen

Empires gesichert haben würde. Der Kampf der beiden großen germanischen Völker gegeneinander dürfe nicht dazu führen, dass das Slawentum und der Bolschewismus Europa beherrschen würden. Hitler glaubte bis zuletzt, dass mit der immer näher rückenden Stunde, da Ost und West unmittelbar im Herzen Deutschlands aufeinanderprallen würden, entweder der Westen oder der Osten verhandeln würde, um sich die Unterstützung des besiegten deutschen Kolosses zu sichern für die von Hitler als unvermeidbar angesehene Ost-West-Auseinandersetzung von morgen. Die Möglichkeit, dass weder der Osten noch der Westen verhandeln würden, wurde von ihm nicht in Betracht gezogen, und erst als er unweigerlich erkennen musste, dass sich das in Yalta besiegelte Schicksal Deutschlands Punkt für Punkt vollenden werde, zog der Diktator die Konsequenzen für den Freitod.

Wie kam Hitler dazu, an eine solche Verhandlungs-bereitschaft seiner Gegner bis zum letzten Moment zu glauben? Abgesehen davon, dass ihm seine „Intuition" zu dieser Überzeugung brachte und die von ihm angestellten allgemeinen Erwägungen über die weltpolitische Entwicklung nach einem russischen Vorstoß bis nach Deutschland diese „Intuition" zu unterstützen schienen, gab es doch, sowohl was den Osten als auch den Westen betraf, vage Anhaltspunkte, dass man dort zumindest Gedankengänge ähnlicher Art angestellt hatte. An der Jahreswende 1944/45 war, wie die internierten Männer aus Himmlers Umgebung ihren Schicksalsgenossen hinter Stacheldraht enthüllten, an den „Reichsführer" aus Stockholm eine jener mysteriösen grünen Depeschen eingelaufen, die für Ribbentrop, dem damaligen Reichsaußenminister, jedes Mal ein Gräuel waren, weil er sie nicht öffnen durfte, sondern unversehrt an Himmler weiterzuleiten hatte. In diesen Depeschen, die über die Kuriere des Auswärtigen Amtes befördert wurden, berichteten Himmlers Vertrauensleute im Ausland an den „Reichsführer" über die Vorgänge jenseits der deutschen Grenzen. Himmler benutzte diese Unterlagen, um unabhängig von Ribbentrop Hitler zu unterrichten. Die Nachrichtenapparate des Auswärtigen Amtes und Himmlers arbeiteten auf diese Weise nebeneinander, so dass oft wichtige Ereignisse, über die Himmlers Leute berichtet hatten, erst zur Kenntnis Ribbentrops kamen, nachdem Hitler die entsprechenden Telegramme bereits gelesen hatte. Ein klassischer Fall war jene grüne Depesche aus Lissabon im Sommer 1943, die Hitler bereits Wochen vor dem Ereignis von der Besetzung der portugiesischen Azoreninseln durch die Angelsachsen unterrichtete, während Ribbentrops Vertreter in der portugiesischen Hauptstadt bis wenige Stunden vor der Besetzung das Gegenteil behauptete. Ribbentrop hatte in der Tat eine panische Furcht davor, dass ihm wichtige Dinge verborgen bleiben könnten - so etwaige Friedensfühler, an denen er unbeteiligt bleiben könnte. Traf so eine grüne Depesche mit einem seiner Kuriere ein, so kroch bei dem Reichsaußenminister die bange Frage hoch: „Was ist drin?" Waren es wichtige Nachrichten oder - Kaffeebohnen? Denn Himmlers Vertrauensleute benutzten das grüne Kurierpäckchen zwischendurch auch dazu, ein paar Lot guter brauner Böhnchen an ihre Chefs weiterzuleiten.

Doch in jener grünen Depesche aus Stockholm an der Jahreswende 1944/45 häuften sich keine Kaffeebohnen. Hitlers Vertrauensmann in Schweden meldete, dass ein Kreis um den damaligen ständigen Unterstaatssekretär im englischen Außenministerium, Sir Alexander Cadogan, und der sogenannte „Inner Circle" der City zu einem Friedensgespräch mit Deutschland bereit seien.

Dieser Kreis gehe von der Überlegung aus, dass ein zerstörtes Deutschland für Europa untragbar sei und dass die durch den Bombenkrieg in Deutschland bereits angerichteten Verheerungen so enormer Natur seien, dass bei Beendigung der Feindseligkeiten nur durch eine starke Ordnungsmacht, wie sie etwa noch intakte deutsche Heereseinheiten darstellten, überbrückt und ein Chaos verhindert werden könne. Die Vorbedingung für die Einstellung der Feindseligkeiten sei die Auflösung der nationalistischen Partei, Hitlers Rücktritt und die Fortführung des Kampfes gegen den Osten. Die Russen müssten aus Europa wieder herausgedrängt werden, beziehungsweise an einem Durchbruch nach Mitteleuropa gehindert werden. Diese Depesche verfehlte ihren Eindruck, zumindest in der Umgebung Himmlers, nicht. Sie hat viel zu der schwankenden Haltung des „Reichsführers" in den letzten Kriegsmonaten beigetragen, in denen Himmler stets entschlusslos zwischen dem Versuch, hinter Hitlers Rücken Friedensfühler auszustrecken und seiner Ergebenheit dem nationalsozialistischen Parteichef gegenüber schwankte. In wieweit die grüne Depesche aus Stockholm auf Echtheit beruhte, und tatsächlich Gedankengänge gewisser englischer City-Kreise widerspiegelte, die einem russischen Vordringen bis zur Elbe nach dem Plan Yalta mit gemischten Gefühlen gegenüberstanden, oder wie weit Himmlers Vertrauensmann in Stockholm „unechten" Informationen auf den Leim gegangen war, wer will dieses heute mit Gewissheit entscheiden? Tatsache ist jedenfalls, dass solche Silberstreifen auch noch in den letzten Monaten vor der Kapitulation in höchsten Parteikreisen kolportiert wurden und der Fiktion von einer möglichen politischen Lösung Nahrung gaben. Hier liegt aber einer der Schlüssel für die Aufklärung jener hartnäckig verfolgten Hitlerschen Überzeugung, dass England, dass der Westen eine „russische Invasion Deutschlands" nicht dulden werde.

Es kann kein Zweifel sein, dass Hitler stark auf einen Ausgleich mit dem Westen gehofft hat, und er, hätte er die Wahl gehabt, dem Westen stets den Vorzug bei möglichen Verhandlungen gegeben hätte. Als Ribbentrop ihm von den bekannten russischen Sondierungen in Stockholm über den Ministerialdirigenten, Dr. von Kleist, unterrichtete, Sondierungen die einen deutschen Rückzug bis zur Demarkationslinie in Polen von 1939 vorsahen, quittierte der Diktator die Mitteilungen Ribbentrops mit den Worten: „Bringen Sie mir einen Frieden mit dem Westen, aber niemals mit dem Osten". Im wahrsten Sinne belämmert zog Ribbentrop ab, um sich den Standpunkt Hitlers mit doppelter Lautstärke selbst zu eigen zu machen. Das selbstständige Nachdenken hatte sein Außenminister schon längst aufgegeben, seit dieser im Jahre 1941 dem Diktator in einer plötzlichen Aufwallung von Eigenständigkeit die Demission angeboten, dies am nächsten Tage jedoch bereut, um die Rückziehung seiner eigenen Demission gebeten hatte, und auch von Hitler erhalten hatte. Seit diesem Zeitpunkt war Ribbentrop ein gefügiges Werkzeug in der Hand des Diktators, praktisch ohne Willen und ohne Kraft, Gegenargumente zu formulieren und sie Hitler entgegen zu halten.

Es gab aber auch weitere Schlüssel für das Verständnis der Immagination Hitlers, dass der Westen gleichsam „beidrehen" würde. Sie enthüllte an einem jener endlos erscheinenden Abende des Winters 1946/47 ein anderer Internierter des Ludwigsburger Lagers 74 vor einem kleinen Kreis besonders interessierter Grünjoppen. Hier saßen und standen sie wieder zusammen, die Männer aus den verschiedenen Berufen und Schichten, die die persönliche Einladung des Vortragenden zusammengeführt hatte. Der kleine Saal, der tagsüber als Schulzimmer diente, in dem die Männer ihren Mitinternierten Unterricht in den verschiedensten Sprachen gaben, war wieder überfüllt, und alle waren voller Erwartungen. Gertenschlank und hoch aufgeschossen, mit schmalem Schädel, den bereits graue Haare deckten und aus dem ein Paar aufrichtige, kluge Augen strahlten, langsam und bedächtig die Worte formulierend, sprach der einstmalige Vorsitzende der deutschen Friedensdelegation in Versailles, Baron von Lersner. Wahrhaft achtunggebietende, vornehme und ruhig-wägende Erscheinung! In ganz natürlicher Weise stand sie an jenem Abend im Mittelpunkt der kleinen Konklave und dieses ernsten Kolloquiums von Gefangenen. Eine Atmosphäre der nachdenklichen Besonnenheit und des prüfenden Meditierens beherrschte die Versammelten. Erst am Tage vorher war dieser alte, erfahrende Diplomat, der wegen eines gespannten Gegensatzes zu Ribbentrop frühzeitig als Privatmann in die Türkei abgewandert war und von dort, wie fast alle prominenten und weniger prominenten Auslandsdeutschen nach Art eines Verbrechers über Italien nach Deutschland deportiert worden war, vor den blutjungen jüdischen Vernehmungsoffizier, Löwenstern, zitiert worden war. Dieser Jung-Emigrant, der Amerikaner geworden und in USA-Uniform als C.I.C.-Offizier nach Deutschland zurückgekommen war, hatte knapp die 2O-Jahr-Grenze überschritten. Dennoch leitete dieses Kind in Uniform die Vernehmung der Auslandsdeutschen an dem sogenannten „Repatriation-Center" in Ludwigburg, das dem Internierungslager Ludwigsburg 74 angegliedert war. Mit lauerndem Gesicht saß er hinter seinem Tisch in der schützenden amerikanischen Uniform und ließ seine „Opfer" aufmarschieren, um über sie Gericht zu sitzen. Von seinen Berichten, die an die C.I.C.-Zentrale in Oberursel bei Frankfurt gingen, hing entscheidend ab, wie lange der vor ihm aufmarschierte deutsche Diplomat, Kaufmann, Professor, Journalist, Offizier, Arzt oder Anwalt - welcher Beruf war unter den nach Deutschland deportierten Auslandsdeutschen nicht vertreten? - hinter Stacheldraht zu bleiben hatte. Auch diese ruhige, vornehme Erscheinung des Barons von Lersner, der die Sechzig bereits um Jahre überschritten und der in Ankara die besten Beziehungen zu dem früheren amerikanischen Gesandten in Bulgarien, Earl, unterhalten hatte, musste vor Löwenstern erscheinen und ihm Rede und Antwort stehen wie ein dummer Schuljunge, der von seinem Lehrer bei einer Untat ertappt wurde. Ähnlich erging es den meisten mitinternierten Auslandsdeutschen, die teilweise seit Jahrzehnten in der Fremde saßen und die man nach Ludwigsburg aus allen Enden der Welt deportiert hatte, weil sie im Geruch standen, Hitlers Spione gewesen zu sein. Oft mussten sie Monate warten, ehe sie überhaupt zu einem Verhör zugelassen wurden.

An jenem Abend nun, im spärlich erleuchteten Schulzimmer des Lagers 74, sprach Baron von Lesner, gleich wie wenn er das Bedürfnis verspürte, seinen Schicksalsgenossen Kunde davon zu geben, dass während des sechsjährigen Völkerringens die Versuche zum Frieden nicht versickerten, über seine eigenen Erfahrungen und Erlebnisse pro pace. Ruhig und gemessen fließt seine Sprache. Er erzählt, wie er schon in der Frühzeit des Zweiten Weltkrieges mit dem ihm befreundeten Nuntius in der Türkei, Roncalli, Möglichkeiten zur Einschaltung des Vatikans bei künftigen Friedensbemühungen erörterte. Roncalli brachte dem deutschen Gesprächspartner, der in keinerlei offizieller Funktion des Auswärtigen Amtes oder einer anderen deutschen Regierungsstelle am Bosporus weilte, der jedoch über weitreichende Beziehungen in Deutschlands offiziellen Schichten verfügte, größtes Verständnis entgegen. Er ebnete dem Baron die Wege, und dieser fährt von der Türkei aus in den Vatikan. Hier erläutert er dem damaligen Kardinalsekretär, Maglione, den Vorschlag, der Papst möge über den Rundfunk an alle kriegsführenden Nationen die Einladung zu einer informatorischen Friedenskonferenz ergehen lassen. Selbst eine Ablehnung dieses väterlichen Anrufes des Hauptes der universalen Christenheit könne, so sagte der deutsche Besucher dem Kardinalsekretär, das Prestige des Papstes nicht erschüttern. Bei Ablehnung der päpstlichen Initiative möge der Heilige Vater seine Einladung in der gleichen offenen Form an alle kriegsführenden Völker periodisch wiederholen. Dieser Vorschlag ist im Vatikan lange und sorgsam erwogen worden. „Doch der Papst hat aus Gründen, die ich nicht kenne, in seiner äußerst vorsichtigen Diplomatie immer wieder gezögert." erklärte der Vortragende das Schweigen des Heiligen Stuhles, der die Anregung des ehemaligen Leiters der deutschen Friedensdelegation in Versailles nicht aufgegriffen hat. Ein unverkennbares Befremden spiegelt sich einen Moment lang nach dieser Enthüllung in den Gesichtern seiner Zuhörer wider. Doch schon geht der Referent, der seinen Posten als Leiter der deutschen Friedensdelegation niederlegte, als ihm die Alliierten eine Note über die Auslieferung der deutschen Kriegsverbrecher überreichten, zu einem anderen Punkt seiner Mitteilungen über. Seine Worte entschleiern einen Grund Hitlers, der sofort wieder zu neuen Spannungen bei den Internierten führte.

Im April 1944 kam Baron von Lersner in Ankara mit dem amerikanischen Marineattaché in der Türkei, Earl, in Kontakt. Vorher war Earl Roosevelts Gesandter in Bulgarien gewesen, bis der deutsche Einmarsch ihn zur Flucht über den Bosporus zwang. Beide Männer bewegte der Gedanke, ob man den Krieg nicht durch Verhandlungen ein Ende setzen könne. Earl wusste, dass von Lersner keineswegs in amtlicher Funktion auftreten konnte, er wusste aber auch, dass dieser einen Kanal zu dem deutschen Botschafter in Ankara, von Papen, pflegte. Noch hatte Eisenhower nicht den Befehl zum Sprung über den Kanal gegeben. Noch wussten die Alliierten nicht, ob das Wagnis der Invasion gelingen werde und ob es nicht, wenn unternommen, unzählige Opfer kosten würde. Wie ein verhängnisvoller Zwang zu einem gewaltigen Aderlass und immer wieder angepeitscht von den Sowjets, die auf diesen Aderlass drängten, stand der unheimliche Beginn der zweiten Front wie ein blutsaufender Moloch vor den Westalliierten. Dass das russische Drängen nicht nur den Zweck verfolgte, der sowjetischen Front Ersatz zu bringen, sondern auch von dem stillen bolschewistischen Wunsch beseelt war, die Angelsachsen zu schwächen, war eine unausgesprochene Erkenntnis im Westen. Mit uneingestandener Sorge sah man daher dem Ansturm gegen den Atlantikwall und gegen die deutsche Westfront entgegen. Im April des Jahres 1944 bewegte sich daher das intime Zwiegespräch dieser beiden Männer in Ankara um etwaige Möglichkeiten einer Friedenssondierung. Beide hatten keinen offiziellen Auftrag dazu. Doch als Earl kurze Zeit nach diesem Zwiegespräch von einem Zwischenaufenthalt in Washington nach Ankara zurückkehrte suchte er neuen Kontakt zu v. Lersner. In einem neuen Gespräch erklärte der amerikanische Diplomat, dass Roosevelt seine Einwilligung zu möglichen Tastversuchen im Hinblick auf Verhandlungen gegeben habe. Als Vorbedingungen sah der Chef des Weißen Hauses die Auflösung der

Nationalsozialistischen Partei, den Rücktritt Hitlers und die sofortige Freilassung aller Juden an. Ohne konkreter zu werden, deutete der amerikanische Vertreter als Gegenleistung an, dass Deutschland, im Falle der Erfüllung dieser Bedingungen, mit den Grenzen von 1937 rechnen könne, möglicherweise auch Österreich und sogar Teile des Sudetenlandes nicht verlieren werde. Unklar blieb allerdings, ob etwaige Unterhaltungen in dieser Richtung mit oder ohne die Russen stattfinden würden. Der Mann, der jetzt hinter Stacheldraht saß und seinen Kameraden davon erzählte, unterrichtete den deutschen Botschafter v. Papen, und dieser flog daraufhin zu Hitler und Ribbentrop. Die Antwort war ein eiskaltes und wutschnaubendes „Nein!", obwohl Earls Andeutungen aufzuzeigen schienen, dass das Postulat der „Unconditional surrender" nicht unbedingt als sakrossant zu gelten brauche. War es nicht naiv, zu glauben, so möchte man heute fragen, dass man überhaupt eine Sekunde lang an die Möglichkeit dachte, der Machtfanatiker Hitler werde seinen eigenen Rücktritt und der Auflösung seiner Partei zustimmen, selbst wenn er damit dem deutschen Volke ungeahnte Leiden ersparen könnte? Andererseits konnte man es vor der Geschichte und vor sich selbst verantworten, diese hochwichtigen Informationen nicht an die deutsche Führung weiterzuleiten. Vielleicht war dieser Tyrann Adolf Hitler, dessen ganze infernalische Machtbe-sessenheit und verbrecherische Hybris damals nur die wenigsten „Eingeweihten" in ihrer ganzen Tiefe erkannt hatten, doch angesichts des sich maßlos türmenden Elends groß genug war, sich selbst zum Opfer zu bringen, um das deutsche Volk, solange es noch Zeit war, vor der letzten Bitterkeit der Katastrophe zu retten. Doch davon wollte der „Führer" dieses Volkes nichts wissen. Stattdessen musste v. Papen sich einen neuen Monolog über die Undurchbrechbarkeit des

Atlantikwalls, die unerhörte Härte der deutschen Invasionsabwehr im Westen, über den kommenden Einsatz neuer Waffen, über das unfehlbare Scheitern des alliierten Marsches über den Kanal und den Zusammenbruch der militärischen Angriffspläne des Westens auf die europäische Festung anhören.

Dann kam die Invasion. Der Atlantikwall brach. Die deutsche Westfront wich zurück. Da, im September 1944, als Eisenhower schon tief in Frankreich stand, traf Earl noch einmal und dann noch mal mit diesem schlichten deutschen Beobachter zusammen, der jetzt vor dem kleinen Kreis der interessierten Lagerinsassen berichtete. In England waren neben den todbringenden Schwärmen der V 1-Geschosse die ersten V 2-Waffen schreckverbreitend eingeschlagen und hatten riesige Krater in Englands Boden aufgerissen. Die Alliierten hatten bei ihrem Vormarsch in Nordfrankreich und in Belgien eine solche Zahl von V 1-Abschussbasen gefunden, dass, so enthüllte ein Kriegsberichter der „Times", wären alle gleichzeitig zum Einsatz gekommen, England vor schwerste Existenzfragen gestellt worden wäre. Das Erscheinen der V 2 und der hartnäckig fortgesetzte deutsche Kampf, trotz überwältigender alliierter Erfolge auf allen Fronten, hatte im Westen die Frage geschürt, was die Deutschen noch an neuen Waffen in Reserve hatten. Wieder deutete Earl in vorsichtig tastender aber unverkennbarer Form die Möglichkeit und die Frage an, ob man dem Kampf ein Ende setzen könne. Die Bedingungen waren die gleichen geblieben. Von Papen wiederum unterrichtete Ribbentrop auf dem Kurierweg über die neuen Andeutungen des amerikanischen Militärattachés. Wieder ertönte ein hochmütiges „Nein" zurück. Ribbentrop zeigte sich über die Bemühungen v. Lersners zur Kontakterhaltung mit dem amerikanischen Vertreter

Äußerst irritiert. Dringend übersandte er v. Papen ein Telegramm: „Sagen sie Herrn v. Lersner, dass das deutsche Volk aufs äußerste entschlossen ist, zu kämpfen und den hundertprozentigen Sieg zu erringen!" Das Konzept der Ardennenoffensive war im Werden und trotz aller bitteren Erfahrungen spukte in den verbohrten Hirnen der engsten hitlerschen Mitarbeiter die Illusion eines erfolgreichen militärischen Zurückschlagens herum. Alle Hoffnungen konzentrierten sich in den folgenden langen Wochen auf einen Blitzerfolg dieser unseligen Dezemberoffensive des Jahres 1944. Sepp Dietrichs Panzer-Armee sollte die alliierten Benzinvorräte erobern und in wenigen Tagen bis zum Kanal durchstoßen. In der gleichen Nacht des Offensivbeginns sollten neue V-Waffen en masse gegen England eingesetzt werden. Hitlers Leibarzt Dr. Morell erzählte später im Internierungslager, wie Hitler in diesen spannungsgeladenen Nachtstunden aufs äußerste erregt auf die Meldung vom Einsatz der neuen Waffen wartete. Wie Stunde um Stunde verrann, ohne dass die ersehnten Nachrichten eintrafen, wie stattdessen über neue technische Schwierigkeiten, die den Einsatz verhinderten, berichtet wurde, und sich Hitlers Gesicht zusehens verfinsterte und verhärtete, so dass er tagelang in gefährlich-lodernder Wutstimmung verharrte und „Sabotage" schrie. Dann, im Februar 1945, so fährt der Berichterstatter an diesem denkwürdigen Abend fort, kam ein Telegramm v. Ribbentrops an v. Papen mit der Anfrage, ob v. Lersner noch die Möglichkeit zu Friedensfühlern habe? Doch dürfe auf keinen Fall die deutsche Regierung als Auftraggeber genannt werden. Auch in Schweden, Spanien und in der Schweiz streckte Ribbentrop im Frühjahr 1945 über seine Mittelsmänner Fühler aus. Die Grundlinie war überall die gleiche: der wahre Feind sei nicht mehr der Nationalsozialismus, sondern der Bolschewismus, der, wenn der Kampf im

Westen andaure, durch die Zersplitterung der deutschen Ostfront in die Lage versetzt werde, ganz Europa zu überrennen. Die Punkte, die die Feindschaft der Völker gegen den Nationalsozialismus hervorgerufen hätten, wie die Verfolgung des Judentums und der Kirche, seien gegenstandslos geworden bzw. abgestellt. Die Westalliierten könnten im Westen mit Erreichen der Rheinlinie die Kampfhandlungen einstellen und Deutschland Gelegenheit geben, den Wall im Osten zu festigen und den Bolschewismus aus Europa herauszuhalten. Die Reaktion auf diese Ribbentropschen Versuche war undurchdringliches Schweigen. Die Waffen sprachen im Westen weiter und überdeckten auch in den westlichen Hauptstädten, die im blinden Vertrauen auf die Abmachungen von Yalta und die russische „Cooperation" und auch unter der verheerenden Suggestion des Morgentau-Planes lebten, jegliche politischen Erwägungen weitsichtiger Art. Deutschland, mit oder ohne Hitler, hatte jede Handlungsposition verloren. Gescheitert war die Abwehr der Invasion, zerschlagen die Ardennenoffensive, unwirksam geblieben oder nicht eingesetzt waren die neuen Waffen, an Oder und Rhein standen die siegreichen Heere der deutschfeindlichen Koalition. Gelegenheit, die im April und in einer seltenen günstigen Laune des Schicksals noch im September 1944 hätte gegeben sein können, erwies sich im Februar 1945 als endgültig verpasst. Sie erbrach, wie jeder andere Anlauf zur Vernunft, an der fanatischen Halsstarrigkeit und an dem ultra-egozentrischen Machtwahn Adolf Hitlers, gepaart mit einer doktrinären Engstirnigkeit ohne Beispiel. Nein, an diesem braunen Diktator war nichts Großes, nichts wahrhaft Staatsmännisches im klassischen Sinne, das nicht die Wohlfahrt der die Landesgeschicke leitenden Persönlichkeit in den Mittelpunkt aller Politik stellen soll, sondern das

Gedeihen des Volkes, vor dem in schweren und schwersten Stunden alle persönlichen Interessen zurücktreten müssen. Ein sprechendes Beispiel für Hitlers doktrinäre Geistesenge, die jede Spur von staatsmännischer Verantwortung, gar nicht zu reden von staatsmännischer Kunst, vermissen ließ, flocht der Redner dieser meditierender Konklave im Internierungslager in seine Schilderung ein. Baron v. Lersner, der seit 1919 in zahlreichen Reisen nach Paris immer wieder für den „Accord franco-allemand", für die deutsch-französische Annäherung eingetreten war und darüber zahlreiche Gespräche mit französischen Politikern (Tardieu, Barthou) geführt hatte, wurde eines Tages im Jahre 1936 von einem bekannten Pariser Bankier mit der Bemerkung zu einem Souper in sein Haus eingeladen: „Ich habe eine bekannte Persönlichkeit bei mir, die Sie sicherlich sehr interessieren wird." Nach dem Abendessen, an dem zwar zahlreiche illustre Menschen der Pariser Gesellschaft teilnahmen, bei der aber keine markante Persönlichkeit zu sehen war, sagte der Hausherr zu seinem deutschen Gast: „Ayez l`amabilité und folgen Sie mir!" Mit dieser freundlichen Aufforderung geleitete er den ehemaligen Präsidenten der deutschen Friedensdelegation von Versailles in ein Zimmer des ersten Stockwerks. Als sich die Tür auftat, wartete dort, ruhig und freundlich ihm entgegenblickend und eine spürbare menschliche Wärme ausstrahlend, Frankreichs alter Sozialistenführer und Premier der Volksfrontregierung, Léon Blum. Herzlich streckte der alterfahrene französische Politiker dem eintretenden Deutschen die Hand entgegen. „Wir wollen uns über den „Accord franco-allemand" unterhalten!" Léon Blum, Frankreichs Regierungschef, war heimlich durch die Hintertür gekommen, da diese Aussprache mit einem Deutschen, wenn auch inoffizieller Beobachter, geheim bleiben musste, wenn sie den Kreis zu einer fruchtbaren

Entwicklung legen sollte. Léon Blum, obwohl durch die nationalsozialistische Rassenlehre persönlich zutiefst angegriffen, offenbarte in dieser still verschwiegenen Aussprache die Sorge und den Wunsch nach einem gutnachbarlichen Grundelement des europäischen Friedens. Was Briand noch wenige Jahre zuvor in seinen zahlreichen Begegnungen mit Stresemann angebahnt hatte, wollte drei Jahre nach Hitlers Machtübernehme Léon Blum erneut ventilieren. Vielleicht bewog ihn 1936 noch die Vorstellung, dass man die Aggressivität des Hitler-Regimes abdämpfen könne, wenn man den Versuch unternähme, von der Außenpolitik her mäßigend darauf einzuwirken. So bot er in dieser intimen Begegnung unter vier Augen die Chance zu einem deutsch-französischen Gespräch an. Doch die Reaktion aus Berlin, die Antwort Hitlers, vernichtete die zarte Pflanze dieser vorsichtigen, inoffiziellen Sondierung mit Stumpf und Stiel. „Mit einem Juden verhandeln wir nicht!" lautete das Echo, das schmerzlicher als alles andere die „diplomatischen" Umgangsmethoden des deutschen Regierungschefs bloßlegte und jedem Eingeweihten die Augen darüber öffnen musste, in welch verhängnisvolle Richtung Hitler das deutsche Staatsschiff treiben werde. Hätte man nicht, selbst wenn man ablehnte, eine höfliche Form finden können, die die persönlichen Gefühle dieses greisen Politikers, der Frankreichs Regierungschef war und über zahllose Verbindungen zum Ausland verfügte, nicht verletzte, statt ihn unnötig zu einer wachsenden Abneigung gegenüber Deutschland zu treiben?

Der Redner hat geendet. In kleinen Gruppen stehen seine Stacheldrahtgefährten herum, und noch lange diskutieren sie, ehe sie sich in ihre Baracken begeben, die Demaskierung dieses Mannes Adolf Hitler, dem sie jahrelang in nationalistischer Hypnose gefolgt sind, ohne zu ahnen, dass er der große Verderber ihres Volkes war.

Rückblick

Der Polenfeldzug

Die Zeit zwischen Tschechien-Krise und Polen-Feldzug war ausgefüllt mit gewaltigen Aufrüstungen, mit einem immensen Ingangbringen der deutschen Rüstungs-industrie, mit einer unablässigen Ausbildung an Reserven. All dies hat Hitler persönlich in die Wege geleitet. Und er konnte sich dies dem deutschen Volke gegenüber ja auch erlauben, denn sein politischer Stern war nach der Tschechienkrise so strahlend geworden, dass er beinahe schon blendete.

Dieser politische Erfolg, den Hitler sich praktisch gegen die Stimmen der Militärs erfochten hatte, bestimmte wahrscheinlich aber auch seine nunmehrige Haltung gegenüber dem Oberkommando und gegenüber seinen Generälen. Anders ist es nicht zu verstehen, wenn er erklärt: „Was sind das für Generäle, die ich als Staatsoberhaupt womöglich zum Krieg treiben muss! Wäre es nicht so, so dürfte ich mich vor dem Drängen der Generäle nach Krieg nicht retten können." Aber diese Überheblichkeit Hitlers war nicht allein eine Folge seines Rechtbehaltens in der Tschechienkrise. Er zog auch die praktische Nutzanwendung daraus. Und zwar sehr energisch und eindeutig: „Ich verlange nicht, dass meine Generäle meine Befehle verstehen, sondern dass sie sie befolgen!" Dieser Ausspruch lässt klar erkennen, dass von seiner Seite aus Schluss war mit einem Abstimmen zwischen politischer und militärischer Führung, dass nur noch einer den Ton angab, und das war er, Adolf Hitler. Dies bedeutete aber auch gleichzeitig - und auch das hat er klar ausgesprochen - dass damit die Verantwortungspflicht der Generalität weitgehend zusammengeschmolzen und auf ihn übergegangen war.

Gewiss, Hitler hatte bisher nicht Einfluss auf die praktische militärische Führung genommen, er hatte den Generälen bisher nicht ins Handwerk gepfuscht, aber er hatte die gleichberechtigte Rolle der militärischen Führung in kriegsbedrohten Zeiten - auf die er nun gradlinig lossteuerte - zerschlagen. Er hatte die ausführenden Instrumente - praktisch ohne Sitz und Stimme - degradiert. Vielleicht wäre hier schon der Zeitpunkt gewesen, dass die deutsche Generalität ihrerseits die Konsequenzen hätte ziehen müssen. Diese Konsequenz hätte lauten müssen: Aussteigen, nicht mehr mitmachen. Jedenfalls ist es für den Lauf der Dinge wichtig, festzuhalten, dass die Zeit zwischen Tschechienkrise und Polenfeldzug ausgefüllt war mit einem unaufhörlichen Rüsten, Rüsten und nochmals Rüsten. Das war die Zeit, in der dem deutschen Volk der Wahlspruch serviert wurde: Kanonen statt Butter!

Mit einer selbstherrlichen Einstellung zu „seiner" Wehrmacht und zu „seinen" Generälen steuerte Adolf Hitler gradlinig auf das nächste Abenteuer zu. Der Zankapfel war nicht schwer zu finden. Er hieß: Polnischer Korridor und Danzig. Gewiss, die Gegenseite mag sich nicht immer taktisch klug verhalten haben. Es mögen auch Fehler und Missverständnisse mitgesprochen haben. Es steht aber fest, dass die Grenzziehung im Osten - insbesondere die beiden kritischen Punkte Danzig und Korridor - stets vom deutschen Volk als Ungerechtigkeit empfunden wurde. Wenn Hitler sich also vorgenommen hatte, nun diese

Frage zu bereinigen, dann entsprach dies zweifellos dem Wunsch der Masse des deutschen Volkes. Dies umso mehr, als es im Fall der Tschechienkrise mit eigenen Augen gesehen hatte, dass es Lösungen gibt, die zwar haarscharf am Krieg vorbeigingen, aber sich zum Schluss als voller Erfolg herausstellten. Einen Krieg aber scheute das deutsche Volk nach wie vor. Das bewies klar die nachherige gedrückte Stimmung, als England und Frankreich den Kriegszustand erklärten.

Die Vorbereitungen zur Gewaltlösung der Frage zwischen Deutschland und Polen standen bei Hitler mit größter Wahrscheinlichkeit unter dem Motto: Es wird schon wieder glattgehen. Genau so glatt, wie es bei der Tschechienkrise auch gegangen war.

Die äußere Konstellation war die gleiche geblieben. Mit Sicherheit hatte Hitler wieder die Überzeugung, dass der Westen nicht eingreifen würde. In diesem Glauben konnte er von seinem Standpunkt aus getrost die Polenkrise herbeiführen. Die warnende Stimme des Generalstabes verhallte wieder ungehört. Hitler nahm sie noch weniger ernst als vor der Tschechienkrise. Denn ihm hatte der Ablauf der Dinge Recht gegeben und nicht seinen Generälen. Also konnte er über sie hinweg getrost zur Tagesordnung schreiten. Darüber hinaus konnte er ein gewaltiges Plus für sich verbuchen: Das war der Pakt mit Russland, der zunächst einmal den unbekannten Kriegsfaktor Russland ausschaltete. Also ein weiterer politischer Erfolg, der ihn und das deutsche Volk noch mehr an seinen Glücksstern glauben ließ.

So tat er den verhängnisvollen Schritt, die Polenfrage mit Waffengewalt zu lösen. Die äußeren Folgeerscheinungen sind bekannt: England und Frankreich hatten die Politik des Nachgebens verlassen und sahen den Kriegszustand mit Deutschland als gegeben an. Der Zweite Weltkrieg, von dem Goebbels behauptete, die Westmächte hätten ihn „vom Zaun" gebrochen, begann.

Der Kriegsplan für den Kampf gegen Polen ist im Generalstab entstanden. Hitler hatte in dieser Phase der Kriegsgeschichte noch nicht aktiv in die Kriegsführung eingegriffen. Der Kriegsplan war - aufs Ganze gesehen - der Plan der inneren und äußeren Zange. Mit zwei großen Kräftegruppen, nämlich die Heeresguppe Süden im Raum von Schlesien unter Führung Rundstedts mit dem Chef des Generalstabes von Manstein und die Kräftegruppe Nord im Raum Ostpreußen und Hinterpommern unter Führung von Bock mit dem Chef des Generalstabes Salmuth. Das Ziel dieser äußeren Zange war Brest-Litowsk. Aus beiden Kräftegruppen im Norden und Süden heraus griff die innere Zange zu, die Warschau zum Ziel hatte und praktisch in der großen Schlacht im Weichselbogen gipfelte. Dieser Plan lief exakt ab wie ein Uhrwerk. Es traten, militärisch gesehen, keine Störungsmomente ein. Die am Polenfeldzug beteiligten Divisionen hatten innerhalb von 21 Tagen die ihnen gestellte Aufgabe gelöst. Der Feldzug in Polen war zu Ende.

Aber England und Frankreich waren auf dem Kriegsschauplatz erschienen. Hitlers Optimismus, der Westen würde wiederum stillhalten und nicht aktiv eingreifen, hatte sich als Trugschluss herausgestellt. Diesmal hatte das Oberkommando mit seiner Warnung Recht behalten. Das von Hitler nach dem Polenfeldzug an England und Frankreich gemachte Friedensangebot wurde mit eisigem Schweigen beantwortet. Der Westen hatte Stellung bezogen.

Während des Polen-Feldzuges war im Westen von deutscher Seite unbedingtes Schweigen befohlen worden. Es war für Hitler ein gewaltiges Glück, dass es im Westen ruhig blieb, denn der Westwall war wohl in einzelnen Teilen fertig, doch seine Besetzung war infolge des deutschen Kräftemangels unzureichend. In diesem Zustand wäre der deutsche Westwall bei einem sofortigen alliierten Angriff und Vorstoß nie und nimmer zu halten gewesen, denn im Westwall standen 12-15 Divisionen, und zwar nicht nur Kerntruppen, sondern zum Teil Divisionen in Mob-Aufstellung. Diese hatten den strikten Befehl, sich passiv zu verhalten und auf feindliches Feuer nur Vergeltungsfeuer abzugeben. Der schnelle Polen-Feldzug und der nicht erfolgte Vorstoß der Westmächte auf den Westwall, hatten Hitler vor der Gefahr eines Zwei-Fronten-Krieges gerettet.

Die große Gefahr, der der unzureichend besetzte Westwall ausgesetzt war, wurde natürlich vom deutschen Generalstab gesehen. Aber man musste eben, auf Befehl Hitlers, dieses Risiko mit in Kauf nehmen und va banque spielen, da die kampffähigen Divisionen von Wert in Polen benötigt wurden. Die Chance ist von den Westmächten verpasst worden, die allem Anschein nach auf sofortige kriegerische Operationen größeren Stils nicht vorbereitet waren. Die wunde Stelle im Westen wurde vom deutschen Generalstab in dem gleichen Augenblick beseitigt, indem es nur irgend möglich war. Und so rollten nach der Besetzung Warschaus die deutschen Divisionen aus dem Osten im Eisenbahn-Aufmarsch zur Besetzung des Westwalls heran. In kurzer Zeit war das gesamte deutsche Feldheer in tiefer Staffelung hinter dem Westwall aufmarschiert. Es wurde aber weiter nur Stillhalten und Vergeltungsfeuer befohlen.

Mit dem Anrücken des deutschen Feldheeres aus Polen war die Gelegenheit eines überraschenden alliierten Vorstoßes auf den Westwall ungenutzt vorübergegangen. Eine Gelegenheit, die dem Krieg vielleicht eine grundlegende Wendung gegeben und der Welt viel Blutvergießen erspart hätte. Der überraschend schnell gewonnene Polenfeldzug, der den Sprachschatz um das Wort „Blitzkrieg" bereicherte, hatte den Unternehmungsgeist und das Selbstbewusstsein Hitlers offensichtlich gestärkt. Daher sein Entschluss, gleich nach Beendigung des Krieges gegen Polen und nach Vollendung des Aufmarsches des deutschen Feldheeres hinter dem Westwall, sofort zur Offensive gegen Frankreich überzugehen. Nur mit größter Mühe konnte ihn der deutsche Generalstab von diesem Entschluss abbringen. Hitlers Willen war zu dieser Zeit noch nicht so verkrampft, sein Wollen nicht so stur und sein Blickkreis noch nicht so eingeengt wie später. Er ließ zu dieser Zeit noch vernünftig begründete Argumente gelten und war geschickt und überzeugend vorgebrachten Ratschlägen noch zugänglich. Es kam hinzu, dass er sich noch mehr als Politiker denn als Generalstäbler oder Feldherr hielt. Das kam später, als er glaubte, das Kriegshandwerk besser als seine Generäle zu beherrschen und er ihnen nicht mehr über den Weg traute. Zu dieser Zeit prüfte er noch Argumente seiner Generäle und traf nach ihnen - falls sie ihn überzeugten - seine Entschlüsse.

Diese Argumente lauteten: Es ist unzweckmäßig und mit höheren Verlusten verbunden, einen Winterkrieg gegen Frankreich zu führen. Das verschneite Gelände bietet in einem Bewegungskrieg weniger Deckungsmöglichkeiten. Ferner: Das deutsche Feldheer ist noch zu schwach für den Westgegner. Gerade dieser Punkt war Hitler am schwersten verständlich zu machen.

So spielt bei dem Ansetzen von Operationen die Stärke des Gegners   das heißt sein Kampfwert und nicht allein seine zahlenmäßige Stärke als Beurteilungsfaktor eine maßgebliche Rolle. Dieses Einschätzen des Gegners ist im Generalstab ein feststehender Begriff. Er heißt: „Feindbeurteilung". Der Wertmesser für die Feindbeurteilung ist auf einen kurzen Nenner zu bringen: Wie beim letzten Gefecht. Im Falle Frankreichs musste also die Beurteilung lauten: Wie 1918. Es gelang nicht, Hitler hiervon zu überzeugen oder ihm die Notwendigkeit einer Feindbeurteilung als primitive Voraussetzung für das Aufstellen eigener Kampfkräfte klarzumachen. Als sich dann der französische Soldat als schwächer erwies als 1918, erklärte Hitler triumphierend seinem Generalstab: „Das habe ich gleich gesagt, aber Sie wollten es ja nicht glauben!" Ganz unverkennbar kommt hier also der Charakterzug Hitlers zum Ausdruck, sich mehr auf sein Gefühl zu verlassen, als alle Eventualitäten einzukalkulieren. Es ist eine Tragik des Schicksals, dass Hitler in den Anfangsjahren des Krieges mit seinen gefühlsmäßigen, intuitiven, laienhaften Entschlüssen und Entscheidungen Recht behielt und sich zwangsläufig so immer mehr in den Glauben an seine hohe Feldherrnkunst, ja sogar in seine Gottessendung, hineinsteigerte.

Rüstung und Wunderwaffen

„Kamerad, Du beichtest wohl Deine Sünden? Oder machst Du bereits Dein Testament? Das ist ja ein enormer Schrieb, den Du da verfasst hast." „Quatsch! Da, stopft Euch erstmal ´ne Pfeife. Hab´ gerade Tabak von draußen bekommen. Nein, denkt Euch doch mal: So eine Gemeinheit! Da hat doch der Fritsche - Ihr wisst doch: Goebbels sein Funk-Hänschen - im Nürnberger Prozess glatt behauptet, er habe die Informationen über die Wunderwaffen von mir. Und erst aufgrund meiner Informationen habe er Propaganda für „Aushalten" und „Weiterkämpfen" gemacht. Das lasse ich mir natürlich nicht bieten. Dagegen nehme ich Stellung. Daher der lange Schrieb." „Aber, aber, mein Bester! Warum denn so bescheiden? Hast Du nicht wirklich auf die Pauke gehauen mit den neuen Waffen? Warteten nicht Millionen von Deutschen auf Deine Worte, auf Deine Leitartikel, die ihnen Mut zusprachen und sie zum Aushalten aufforderten? Deine Andeutungen über neue Waffen, die eine Wende des Krieges bringen würden? War es nicht so?" „Ich bitte, Folgendes richtig zu stellen: ich habe nur das über die neuen Waffen gesagt und nur das veröffentlicht, was ich mit meinen eigenen Augen gesehen habe, oder worüber ich authentisches Material von maßgebender Stelle hatte. So war das und keinen Deut anders." „Also war wirklich etwas dran an diesen ominösen Wunderwaffen?" „Quatsch! Wunderwaffen! Wenn ich das schon höre! Neueste, modernste Waffen waren das, wie sie die Kriegsgeschichte noch nicht gekannt hat. Nehmt mal beispielsweise die Flak-Munition. Bemannte Raketen, die auf Feindflugzeuge gesteuert wurden. Etwa 100 Meter vor dem Feindflugzeug löste sich die Kanzel und kam mit dem Piloten per Fallschirm zu Boden. Die letzten 100 Meter machte das Geschoss alleine. Ergebnis: Beim ersten Probeabschuss eine Doublette! Jawohl, eine Doublette! Dann gab es von der Erde aus gesteuerte Geschosse und akustische Geschosse, die vom Motorengeräusch des Feindflugzeuges angezogen wurden. Ungewollter Selbstmord gewissermaßen. Ich überlasse es Euch, nun weiter von Wunderwaffen zu reden." „Gut und schön. Aber wie stand es denn mit unserer Luftwaffe? Mit Flak-Munition allein konnte man doch nicht die feindlichen

Bienenschwärme vertreiben." „Da hatten wir modernste Düsenjäger, die sehr schnell waren, aber nur einen kleinen Aktionsradius hatten. Ferner Turbinen-Flugzeuge. Damals die schnellsten Maschinen der Welt. Ich weiß, dass beide Typen in größeren Mengen fertig waren!" „Ja, aber warum wurden sie dann nicht eingesetzt?" „Darüber zerbreche ich mir heute noch den Kopf. Ich weiß es nicht. Waren die Piloten noch nicht so weit? Fehlte es an Alkohol? War Sabotage mit im Spiel? Ich weiß es nicht. Ich weiß nur, dass viele Maschinen in die Hand der Russen gefallen sind, die sie jetzt in Dessau nachbauen. Propaganda-Flüge über Moskau haben ja bereits stattgefunden." „Gut, Kamerad, glauben wir also, was Du uns gesagt hast. Du musstest es ja wissen, hattest ja ungehinderten Einblick in die Rüstung. Wie sah es nun bei der Marine aus? Wo waren denn die deutschen U-Boote geblieben?" „Neue U-Boote waren fertig. Und zwar zwei Serien. Die einen wurden durch Dieselmotoren angetrieben, die andere mit Wasser-stoffsuperoxyd. Wasserstoffsuperoxyd wurde im U-Boot durch Zersetzung des Meerwassers gewonnen. Diese U-Boote waren unter Wasser schneller als das schnellste Überwasserschiff. Auch schneller als ein Zerstörer. Man hatte eine neue Schiffsform entwickelt. Die Boote sahen aus wie Fische. Ohne Turm. Auf der Probefahrt ist so ein Boot unter Wasser rings um England gefahren.

Mit diesen U-Booten sollte im Mai 1945 die Atlantikschlacht geschlagen werden. 81 Boote mit ausgebildeten Mannschaften waren bereits einsatzbereit. Die Schwierigkeit des Einsatzes bestand darin, dass keine U-Boot-Stützpunkte mehr vorhanden waren. Die Atlantik-Stützpunkte waren bereits verloren. Es wurde mit dem Ausbau neuer Stützpunkte begonnen. Sie wurden in die Felsen der norwegischen Küste gesprengt.

Durch die Verengung des deutschen Raumes wurde der Einsatz unmöglich. Auch hier die Tragik: Zu spät! Übrigens konnten von diesen U-Booten auch Raketen abgeschossen werden." „Aber, mein Lieber, klingt das nicht etwas unwahrscheinlich?" „Nehmt das wie ihr wollt. Ich halte Euch nur englische Zeitungen vor Augen, in denen es heißt: Ein Glück, dass dieser Triumpf der deutschen Schiffbau-Kunst nicht zum Einsatz gekommen ist. Ein Teil dieser U-Boote ist ebenfalls in russische Hand gefallen. Die Russen bauen sie jetzt eifrig in Gdingen. So ist das." „Genug von den Wunderwaffen, uns brummt schon der Kopf, wenn wir an die Möglichkeiten des Einsatzes denken. Zu spät. Du hast recht. Nun mal was Anderes. Du warst doch im Rüstungssektor zu Hause. Man munkelt hier im Lager, und auch draußen, so viel über Sabotage. Konntest Du in der Rüstung Sabotage feststellen?" „Sabotage war im Rüstungssektor nicht festzustellen. Natürlich rutschte die Produktion nach dem Verlust von Rohstoff-Gebieten ab. Das hatte aber nichts mit Sabotage zu tun. Dies war auch nicht seitens der vielen Fremdarbeiter festzustellen. In Peenemünde haben Franzosen gearbeitet. Gut gearbeitet! Aber die Qualität der Produktion litt unter der Verlagerung der Rüstungsarbeit auf kleine Betriebe. Dadurch betrugen beispielsweise die Qualitätsverluste bei Jägern bis zu 25%. Qualitätsarbeit lässt sich eben nur im Serienbau, nicht aber in „Heimarbeit" erreichen. Ferner wurde die Produktion zuletzt durch die Bombenangriffe beeinträchtigt. Diese Bombenangriffe ließen übrigens auch die Benzin- und Ölfrage beunruhigend werden. Vor allen Dingen waren die Transport-Störungen erheblich. Zudem hatten wir Erdölgebiete verloren. Die Bombenangriffe setzten vor allem den Leuna-Werken und Hydrier-Werken schwer z. Die Leuna-Werke wurden zweimal wieder aufgebaut. Danach unterirdisch verlegt. Aber immerhin war die

Benzinfrage bis zum Sommer 1944 noch kein ernstes Problem." „Was war denn der Chef der Rüstung, Speer, für ein Mann? War er seiner Aufgabe gewachsen?" „Speer war zweifellos guten Willens. Er hatte aber seinen „Betrieb" nicht hundertprozentig in der Hand. Schlechter war es schon um seinen Vertreter Sauer bestellt. Der machte unzutreffende Angaben, die eines Kommentars bedurft hätten. Und zwar alles nur, um sich bei Hitler in ein gutes Licht zu setzen. Ich will Euch das mal an einem Beispiel klarmachen: Hitler verlangte Panzer und fragte, wieviel hergestellt werden können. Antwort: So viel, wie sie befehlen, mein Führer! Hitler: Gut, dann soundso viel. Bis dann und dann. Dann waren bis dann und dann die Panzer wohl fertig. Aber es gab keine Ersatzteile. Das gab dann bei den kleinsten Reparaturen große Ausfälle. Wir hatten ja nicht einmal genügend Schlepper, um leicht beschädigte Panzer vom Schlachtfeld zu holen. Die Russen aber hatten sie. Wie gesagt, diese Erscheinungen ergaben sich aus der Art des Arbeitens. Das war aber keine Sabotage." „Lieber Kamerad. Nun erzähl uns zum Schluss noch etwas über die Leute um Hitler. Du kanntest sie ja alle und hast Dir sicher ein Bild über sie gemacht. Wie sahst Du den sogenannten „Führer"? „Zuerst mit Schwung an die Sache rangegangen. Dann sich in einen Alexander-Wahn gesteigert. Kein Feldherr sondern ein Dilettant, der Krieg spielt. Maßlos. Zuletzt engstirnig und körperlich zerbrochen. Nicht der überragende Staatsmann, für den er sich hielt. Hatte keine glückliche Hand bei der Wahl seiner Mitarbeiter." „Und sein treuer Paladin Goering? Der Eiserne?" „War zuletzt kriegsmüde, da er vom Verlieren überzeugt war. Hat den Krieg nicht mehr ernst genommen. Ob er ihn überhaupt ernst genommen hat, weiß ich nicht. War nach dem Versagen der Luftwaffe bei Hitler abgemeldet. Hitler traute ihm nicht mehr." „Himmler?" „Großer

Romantiker, sprach bis zuletzt von der Ural-Front. Dabei brutal. Vielleicht um sein romantisches Wesen zu verdecken." „Ribbentrop?" „Zuletzt nur noch Hitlers Kreatur. Tat alles, was Hitler verlangte. Bekam vor Besprechungen mit Hitler Durchfall. Er sagte dann: „Warum haben Sie gerade mir geraten, das dem Führer zu sagen?" War zum Schluss fast wie ein kleines Kind." „Goebbels?" „Arbeitstier, unmoralischer Lebenswandel. Zuletzt gebessert. Fanatiker. Kein außenpolitisches Verständnis." „Bormann?" „Brutaler Egoist. Betrieb nur Hausmachts-Politik. Konzentrierte sich auf abendliche Teestunden, in denen er Hitler beeinflusste. Bildete eisernen Ring um Hitler. War sein böser Geist. Wollte wohl nicht Hitlers Nachfolger werden, sein Einfluss aber sollte bestehen bleiben. Stark erschüttert hat mich das unrühmliche Ende aller. Keine Spur von Heroismus, den sie alle immer gepredigt haben. Kläglich und feige sind sie zugrunde gegangen. Aus. Zu Ende." „Nein, nicht das Ende. Deutschland will weiterleben. Wie stellst Du Dir dies Weiterleben vor?" „Der Krieg gegen Osten wird einmal kommen. Das steht für mich fest! Deutschlands Chance liegt in einem groß-europäischen Block. Deutschland muss maßvoll sein, muss sich beschränken auf Wissenschaft, Kunst, Forschung, Technik und so weiter. Sollte Krieg kommen, dann muss Deutschland Männer herausfinden, die sich Deutschlands Hilfe für Deutschland bezahlen lassen. Danach muss Deutschland sich einfügen in den Wirtschaftsraum Afrika-Norwegen-Ukraine. Die innere Frontenstellung ist klar: Kommunisten und Antikommunisten. So kann Deutschland - ich meine von mir aus gesehen - weiterleben und vielleicht besser weiterleben als bisher. Das ist meine Erkenntnis. Und nun haut ab! Ich muss meine Rechtfertigung gegen Fritsche zu Ende schreiben. Nehmt euch meinetwegen noch eine Pfeife voll Tabak mit."

Rückblick

Der Krieg gegen Frankreich.

Bei der Festsetzung des Zeitpunktes des Angriffs gegen Frankreich gelang es, Hitler davon zu überzeugen, dass es für den Rest des Jahres, ja, für den Winter überhaupt, zu spät sei. So wurde der Angriff für das Frühjahr 1940 festgesetzt.

Die Zeit bis dahin war ausgefüllt mit einem fieberhaften Arbeiten am Heer und am Ausbau der Luftwaffe. Es erfolgte die Neuaufstellung von Truppenteilen, neue durchschlagskräftige Waffen rollten heran, das gesamte Heer wurde mit Ersatz aufgefrischt, die Rüstungs- industrie arbeitete mit Hochdruck. Über den Erfolg dieser Arbeiten gab es keinen Zweifel. Für den Angriff bestand selbstverständlich ein Plan. Dieser Kriegsplan war, wie üblich, vom deutschen Generalstab ausgearbeitet worden.

Von sich aus arbeitete nun der damalige Chef einer Heeresgruppe im Westen, von Manstein, der zweifellos als genialer Feldherr anzusprechen ist, einen neuen Plan für den Westfeldzug aus. Mit diesem neuen Plan drang er aber anscheinend nicht durch, bis der Plan, wahrscheinlich durch Vermittlung Schmundts, Adjutant Hitlers, Hitler selbst vorgelegt wurde. Bei Vorlage der beiden Pläne, entschied sich Hitler für den Plan von Mansteins. Der Plan, der später den verblüffenden großen Erfolg brachte. Das ist aber auch alles, was Hitler an der Arbeit des Kriegsplanes gegen Frankreich getan hat. Es ist eine glatte Propagandalüge von Goebbels gewesen, der großspurig erklärte, der Plan für den Krieg gegen Frankreich sei von seinem heiß geliebten Führer persönlich bis ins Einzelne ausgearbeitet worden. Mit diesen plumpen Lügen sollte der Ruf Hitlers als großer

Feldherr ins Unermessliche gehoben werden. Und das deutsche Volk tat ja auch Goebbels den Gefallen und trieb damit Hitler auf seinem Weg zum Glauben an seine Unfehlbarkeit einen guten Schritt weiter. Den wirklichen Vorgängen getreu muss aber nochmals gesagt werden, dass der Kriegsplan gegen Frankreich das Werk Mansteins ist. Der Chef des Generalstabes bearbeitete diesen Plan entsprechend und legte ihn für die einzelnen Operationen zugrunde. Die Führung im Krieg gegen Frankreich lag nach wie vor beim Oberkommando, wenn auch in seinem Verlauf hin und wieder eine unwesentliche Einschaltung Hitlers erfolgte.

Der Oberbefehlshaber des Heeres war von Brauchitsch, der Chef des Generalstabes war Halder. In diesen Händen lag die Führung des Krieges gegen Frankreich. Im Gegensatz zu dem bekannten Schlieffenplan des Ersten Weltkrieges, der im Wesentlichen mit einem starken rechten Flügel einen Bogen von Nordwest-Deutschland durch Belgien in den Raum westlich von Paris darstellte, sieht der Plan von Manstein zwei klare entscheidende Phasen vor: Die erste Phase bestand in einem Vorstoß des rechten Flügels des deutschen Feldheeres durch Holland und Belgien bis zur Kanalküste. Gleichzeitig erfolgte der Vorstoß der deutschen Schwerpunkt-Gruppe mit den gepanzerten und motorisierten Verbänden durch den Nordteil der „Maginot-Linie". Dann weiter der Vorstoß durch den Nordteil Frankreichs an die Kanalküste und weiter nach Norden auf Dünkirchen. Die Kanalküste wurde im Verlauf der Durchführung dieses Plans von den motorisierten Verbänden weit vor den durch Holland und Belgien vorstoßenden Truppen, die nicht motorisiert waren, erreicht.

Während des Vorstoßes der Schwergewichts-Gruppe durch die „Maginot-Linie" wurde die offene, tiefe Südflanke durch die dem Panzer-Vorstoß nachfolgenden Infanterie-Divisionen abgeschirmt. Der Verlauf bewies, dass das französische Heer nicht die Kraft hatte, diese deutsche Flankensicherung zu durchbrechen. Genauso wie im Polenfeldzug wurde auch dieser Plan völlig programmgemäß und ohne wesentliche Störungen durchgeführt.

Zweifellos hatte sich der Gegner durch diesen Plan täuschen lassen. Er nahm an, dass nach dem Muster des Schlieffen-Plans der Schwerpunkt der deutschen Angriffe wieder auf dem rechten Flügel - also im Norden - liegen würde. Daraufhin strömten Teile des französischen und belgischen Heeres in den Raum Holland-Belgien. Diese Teile wurden dann durch den Vorstoß der deutschen Kräftegruppe durch den Norden der „Maginot-Linie" vom übrigen Heer abgespalten, eingekesselt und vernichtet. Damit hatte das englische Expeditionskorps, das belgische und holländische Heer sowie ein Teil des französischen Heeres aufgehört zu existieren. Die zweite Phase sah wie folgt aus: Die gegenüber der deutschen Flankensicherung nach Süden von den Franzosen aufgebaute, sogenannte Weygad-Verteidigungslinie wird von den nach der großen Kessel- und Vernichtungsschlacht des englischen, belgischen und holländischen Heeres frei gewordenen deutschen Verbände auf breiter Front nach Süden durchgestoßen. Im Rahmen dieses Vorstoßes fällt Paris. Am linken Flügel werden Teile der „Maginot-Linie" von hinten genommen. Gleichzeitig tritt die bis dahin stehengebliebene Oberrhein-Front zum Angriff an und durchstößt die „Maginot-Linie".

Damit war das Schicksal des französischen Heeres besiegelt und der Feldzug von Deutschland gewonnen. Außerdem war nun die gesamte Atlantik-Küste bis hinunter nach Hendaya in deutschem Besitz. Eine wesentliche Vorbedingung des Kampfes gegen England.

Genauso, wie der Plan Manstein es vorgesehen hatte, wurde also der Krieg gegen Frankreich durchgeführt. Als entscheidend ist hierbei anzusehen, dass der Feind offenbar annahm, dass der Vorstoß in seinem Schwerpunkt im Norden, am rechten Flügel, läge. Man erkannte den wirklichen deutschen Schwerpunkt-Vorstoß durch die „Maginot-Linie" und durch Nordfrankreich nicht rechtzeitig. Dieser führte aber praktisch in den Rücken der englischen, belgischen und holländischen Armeen und machte die Ausschaltung so großer Verbände möglich.

Der Vollständigkeit halber ist noch das Unternehmen Norwegen nachzutragen. Dieses Unternehmen gehörte praktisch zu den Vorbedingungen der Großoperation im Westen. Denn Sinn und Zweck dieser Sicherung der Nordflanke, oder besser gesagt, die Ausschaltung der Nordflankenbedrohung, besonders im Hinblick auf eventuelle feindliche Flugzeugbasen. Durch das Unternehmen Norwegen ist diese Flankenbedrohung schlagartig ausgeschaltet worden. Damit war es gelungen, die gesamte Atlantik-Küste später in die Hand zu bekommen. Es ist erwiesen, dass die deutsche Inbesitznahme Norwegens einem ähnlichen englischen Vorhaben nur um wenige Stunden zuvorgekommen ist. Diese Tatsache hat das deutsche Unternehmen erleichtert und weniger verlustreich gestaltet. So hatten die norwegischen Küstenbewachungen den Befehl, englische Kriegsschiffe passieren zu lassen, deutsche aber unter Feuer zu nehmen oder die Minenfelder in See bei Befahren durch deutsche Seestreitkräfte in die Luft gehen zu lassen. Da bei Eintreffen der deutschen Kriegsschiffe diesiges, unsichtiges Wetter herrschte, wurden die deutschen Kriegsschiffe für englische gehalten, oder aber erst erkannt, als es zu spät war. Daher die verhältnismäßig geringen Verluste während des ganzen Unternehmens. Es liegt Grund für die Annahme vor, dass Hitler während des Abschlusses des Westfeldzuges glaubte, dass der gesamte Krieg beendet sei und dass die restliche Aufgaben durch Marine und Luftwaffe gelöst werden könnte.

Der Afrika-Krieg, Vorbereitungen zum Russland-Krieg. Der Balkan-Feldzug 1941.

Als nebensächlicher Kriegsschauplatz hatte sich, ausgelöst durch den Kriegseintritt Italiens, in der Zwischenzeit die nordafrikanische Kolonie Italiens herausgebildet. Italien sah sich in Nordafrika alliierten Streitkräften gegenüber, denen es sich als zu schwach erwies. Also war Deutschland gezwungen, seinem Bundesgenossen beizustehen. Es handelte sich wohl weniger um die Erringung großer militärischer operativer Erfolge, sondern es ging am Anfang vielmehr darum, die italienische Volksstimmung und damit das faschistische Regime zu stützen. Zweifellos hatte Hitler eine hohe Auffassung von dem Begriff Bundesgenossenschaft.

Im Verlauf der Operation und nach der Erringung taktisch guter Erfolge, sprach deutscherseits auch der Wunsch mit, diese Erfolge in Afrika auszubauen, die Ziele weiter zu stecken und mehr zu gewinnen. Nach wechselseitigem Erfolg dieses Wüstenfeldzuges, bei dem zeitweilig der deutsche Wunsch, Ägypten zu erobern klar in Erscheinung trat, endete schließlich dieser Krieg an folgenden Tatsachen.

1. An der Unmöglichkeit des freien deutsch-italienischen Nachschubs durch das Mittelmeer, wo die alliierte Übermacht zu stark war.

2. An der laufenden Verstärkung der alliierten Kräfte, die schließlich in der amerikanischen Landung in Nordafrika gipfelte.

Das deutsche Afrika-Korps unter Rommel bestand zuerst nur aus zwei bis drei und zuletzt aus fünf bis sechs Divisionen, also eine geringe Streitmacht, die im Rahmen der gegebenen Möglichkeiten sich hervorragend geschlagen hat. Die Tatsache der geringen deutschen Kräfte unterstreicht aber klar den nebensächlichen Charakter des Kriegsschauplatzes Afrika, der sich sicherlich bei freiem Nachschub zu einem bedeutenden Faktor im späteren Kriegsgeschehen hätte entwickeln können.

Schon während des Krieges gegen Frankreich zog sich das Ungewitter im Osten zusammen. Bereits in dieser Zeit marschierten plötzlich und unmotiviert hinter der deutsch-russischen Demarkationslinie russische Truppen auf. Demgegenüber standen dort deutscherseits nur die üblichen Sicherungen, die weder einen offensiven noch einen wirksamen defensiven Charakter hatten. Es ist daher nur gerechtfertigt, wenn nach der Beendigung des Frankreich-Feldzuges mehrere deutsche Divisionen an die Demarkationslinie heranrückten. Der russische Aufmarsch wird laufend stärker und erreicht im Winter 1940/41 sogar die Stärke, die einwandfrei belegbar ist, von 10.000 Panzern und 150 Divisionen. Hierzu kommt das Anlegen von 100 frontnahen

Flugplätzen. Ein wesentlicher Punkt war, dass dieser russische Aufmarsch ganz klar Angriffs-Absichten erkennen ließ. Denn in vorspringenden Punkten und Teilen der Demarkationslinie wurden ausgesprochene russische Schwerpunkt-Ansammlungen festgestellt. Teile und Bögen also, die bei einem defensiven Charakter des russischen Aufmarsches nur mit schwachen Kräften besetzt worden wären. Aufgrund dieser Tatsachen ist im Verlauf des Winterhalbjahres - und zwar sicher schon vor Weihnachten - der Entschluss gefallen, den Krieg gegen Russland zu führen. Wie gesagt der Entschluss, denn die Absicht war bei Hitler vorher oder eigentlich immer vorhanden. Jedenfalls ist der russische Aufmarsch erfolgt, ohne dass zu diesem Zeitpunkt deutsche Maßnahmen, die einen solchen Aufmarsch rechtfertigten, erkennbar waren. Was die wirklichen Absichten Russlands waren, lässt sich nicht einwandfrei feststellen. Vielleicht mag es auch ein Manöver gewesen sein, um den politischen Verhandlungen und Forderungen mehr Nachdruck zu verleihen. Dass aber Russland seinem Vertragspartner gegenüber misstrauisch sein musste und war, ist wohl nicht weiter zu verwundern, denn schließlich verging doch vor dem Krieg und vor dem Paktabschluss kein Parteitag, an dem nicht offen Front gegen Russland gemacht wurde, keine Rede eines maßgeblichen deutschen Politikers, die nicht handfeste Drohungen gegen Russland enthielt, und schließlich war auch Hitlers „Mein Kampf" den russischen Staatsmännern bekannt. Sie wussten also schon, dass nach Hitlers „unwiderruflicher Überzeugung" Deutschlands Zukunft im Osten lag. Dass aufgrund dieser Vorgeschichte nun dem in der Welt als wortbrüchig bekannten Adolf Hitler nicht zu trauen war, dürfte vom ohnehin misstrauischen russischen Standpunkt ohne weiteres zu rechtfertigen sein. Denn als es klar war, dass Frankreich überrannt wurde, konnte natürlich ein Hitler, so wie ihn die russischen Augen sahen, sofort an die Ausführung seiner „Lieblingsidee" gehen und Russland überfallen. Das musste der Kreml immer in Rechnung stellen, der zweifellos den deutsch-russischen Pakt als ein reines Zweckbündnis beurteilte.

Wenn nun auch der örtliche russische Aufmarsch Angriffsabsichten erkennen lassen musste, so sprach die politische Ausrichtung der russischen Truppen wiederum völlig dagegen. Spätere Gefangenen-Aussagen bewiesen einwandfrei, dass das aufmarschierte russische Heer propagandistisch in keiner Weise auf einen Angriffskrieg gegen Deutschland geschult worden war. Die Soldaten erklärten übereinstimmend, sie hätten an der Grenze zur Verteidigung gelegen, wie man sein Land gegen mögliche Angriffe eben zu verteidigen hat. Es spricht ferner gegen Angriffsabsichten der Russen, dass sie am deutschen Angriffstag völlig von der Wende der Dinge überrascht waren. Natürlich ist es immer möglich, dass die Unterlassung der geistigen Ausrichtung der russischen Truppen auf einen Angriffskrieg bewusste Taktik war. In jedem Falle war aber eine Einstellung gegen Deutschland bei den aufmarschierten russischen Truppen vorhanden, und die Lage war schließlich beiderseits so, dass ein Schuss genügt hätte, um den Krieg auszulösen. In dieser Situation rollten nach Erledigung der wesentlichen Aufgaben in Frankreich deutsche Panzerdivisionen, und zwar ausgesprochene Schwerpunkt-Verbände, im schnellen Eisenbahn-Aufmarsch heran.

Mitten in diese Vorbereitungen hinein platzte nun wider Erwarten die Tatsache des politischen Umschwungs in Jugoslawien, das deutlich in das gegen Deutschland gerichtete Fahrwasser einschwenkte. Diese Tatsache löste bei Hitler den plötzlichen Entschluss aus, vor Russland den Balkan zu bereinigen, den Balkan und nicht nur allein Jugoslawien. Denn Mussolini hatte ja bereits vor seinem Privat- oder Prestige-Krieg gegen Griechenland damit begonnen. Italiens Krieg gegen Griechenland war ohne Einverständnis des Achsenpartners Deutschland erfolgt. Man hatte Hitler sogar im Unklaren gelassen und getäuscht. Hitler hatte ohne Zweifel sehr große Sympathien für Griechenland und eine sehr hohe Achtung vor der hellenischen Kunst und Kultur. Es widerstrebte seinem Innern, dieses Land mit Krieg zu überziehen. Italien brauchte aber nach seinem unrühmlichen Eingreifen in den Frankreich-Krieg, das ihn in den Geruch des Leichenfledderers gebracht hatte, einen Prestigeerfolg. Hierfür erschien ihm der alte Mittelmeer-Widersacher Griechenland gerade gut genug zu sein, man glaubte sich seiner Sache umso sicherer zu sein, als Ciano meinte, maßgebliche griechische Staatsmänner bestochen und gekauft zu haben, sodass den einmarschierenden italienischen Truppen kein nennenswerter Widerstand entgegengesetzt werden würde. Es kam aber anders. Denn Ciano war getäuscht worden, und die italienischen Truppen verbluteten im Kampf gegen das tapfere griechische Heer, das in guter Verfassung und guter Ausrüstung heroisch kämpfte und siegte.

Entgegen seiner Einstellung zu Griechenland und obwohl man ihm den Plan des italienischen Krieges gegen Griechenland wohlweislich verschwiegen hatte, und ihn so vor vollendete Tatsachen gestellt hatte, musste sich Hitler wohl oder übel entschließen, Italien zu helfen, wollte er nicht seine Bundesgenossen in der Klemme sitzen lassen und ihn einer großen Blamage preisgeben. Er hatte daher vorgesehen, einige

Divisionen für die Unterstützung Italiens im Griechenland-Feldzug einzusetzen. Als nun aber der jugoslawische Kurs gradewegs das gegnerische Lager ansteuerte, war also der Entschluss Hitlers bereits gefasst, neben Jugoslawien auch Griechenland zu bereinigen, und damit den gesamten Balkan unter deutsche Kontrolle zu bringen. Dieser Entschluss Hitlers kam eines Abends beim Chef des Generalstabes an, der so die Vorbereitungen für den Balkan-Feldzug in wenigen Stunden treffen musste. Der Chef des Generalstabes aber steckte mitten in der Arbeit für den Beginn des Russland-Krieges.

So war also die Bewegung der Truppen die folgende: Auf der einen Seite waren in Rumänien die Divisionen angesetzt, die für die Unterstützung Italiens im Griechenland-Feldzug vorgesehen waren. Auf der anderen Seite fuhr Division auf Division an die deutsch-russische Demarkationslinie. Aus diesen Truppen-bewegungen heraus musste nun der Krieg gegen Jugoslawien und Griechenland auf Befehl Hitlers begonnen werden. Und er begann mit einem Muster-Aufmarsch der deutschen Truppen. Die Masse der in Bulgarien zur griechischen Grenze marschierenden Verbände wurde zu dem Zweck abgedreht, um den Südteil Jugoslawiens zu durchstoßen, und um sich mit den in Albanien stehenden verbündeten Italienern zu vereinigen. Die Masse dieser Kräftegruppe drehte dann plangemäß zur Vernichtung der feindlichen griechischen Streitkräfte nach Süden ab. Der schwächere Teil dieser Kräftegruppe marschierte weiter nach Bulgarien, durchstieß die nördlichen griechischen Befestigungs-anlagen, die sogenannte Metaxa-Linie und rückte schließlich in Griechenland ein. Im Norden Jugoslawiens wurde folgender Plan durchgeführt: Die im Aufmarsch gegen Russland befindlichen deutschen

Divisionen wurden abgedreht zum Angriff auf Nordjugoslawien und eroberten dieses Gebiet. Aus diesem Gesamt-Aufmarsch heraus wurden das jugoslawische und das griechische Heer in kurzer Zeit geschlagen und beide Länder vollständig besetzt. Der deutsche Generalstab und der deutsche Landser hatten einmal mehr wie ein Uhrwerk gearbeitet.

Bei allem Erfolg des Balkan-Feldzuges aber ergab sich eine Folgeerscheinung, die später verhängnisvoll werden sollte. Der Doppelfeldzug benötigte mehr Zeit als ursprünglich für die Hilfestellung Italiens vorgesehen war. Das aber wiederum ergab eine Verzögerung des Krieges gegen Russland um genau vier Wochen, die verloren gegangen waren und die dann im Russlandkrieg in den Operationen vor Eintritt der Schlammperiode so bitter fehlten. Diese vier Wochen Zeitverlust hinderten Hitler aber nicht, nun endgültig gegen Russland loszuschlagen und so mit vollen Segeln geradewegs in einen Zwei-Fronten-Krieg zu steuern, den er selbst in seinem Buch „Mein Kampf" als gefährlich und kritisch hingestellt hatte.

Von England (Unternehmen „Seelöwe") bis Gibraltar

Nach Erreichen der Atlantikküste und nach Ende des Westfeldzuges unterbreitete der Oberbefehlshaber und der Chef des Generalstabes den Vorschlag, sofort eine Landung in England durchzuführen und damit den Krieg zu beenden.

Hitler ist zunächst auf diesen Vorschlag eingegangen und hat die Vorbereitungen für eine solche Landung befohlen. Das steht fest. Nicht fest steht dagegen ob Hitler innerlich von diesem Unternehmen überzeugt war, und auch wirklich die Absicht hatte, es durchzuführen. Denn im Gegensatz zu sonst hat er sich nie ernstlich um die Vorbereitungen der Landung in England gekümmert. Dieses Unternehmen lief unter dem Kennwort „Seelöwe".

Der Plan für das Unternehmen „Seelöwe" war in groben Zügen folgender: Es sollten insgesamt zwei Armeen mit 36 Divisionen an zwei voneinander unabhängigen Stellen über den Kanal setzen. Der deutsche Generalstab war davon überzeugt, dass diese verhältnismäßig kleine Zahl von Divisionen ausreichen würde, um das gesamte Unternehmen erfolgreich durchzuführen. Die schwächste Stelle des Plans lag zweifellos einmal in der Überwindung des Kanals unter der Abwehr der englischen Flak, zum anderen in der Ausschaltung der britischen Flotte, denn die starke home-fleet war ja noch völlig intakt. Infolgedessen und aufgrund der Schwäche der eigenen Marine wurde schließlich nur eine Landungsstelle vorgesehen, da es als unmöglich erkannt wurde, zwei Landungsstellen wirksam zu schützen. Die vorgesehene Landungsstelle lag im Raum Dover/Calais, da hier die Kanal-Überquerung am kürzesten war und somit am besten, auch von der deutschen Küsten-Artillerie, geschützt werden konnte. Für die Über-querung des Kanals wurden alle nur möglichen Behelfsschiffe hergerichtet. In der Verwendung von Behelfsschiffen lag aber gleich der Nachteil, da diese Schiffe nur bis zum Seegang der Stärke 3 bis 4 einsatzfähig waren. Somit ergab sich eine gewisse Terminvorschrift für das Unternehmen „Seelöwe".

Im Rahmen der ersten Phase sollte eine Luftoffensive die Grundlage schaffen. Diese Luftoffensive ist auch angelaufen und hat, wie später festgestellt wurde, zu einer Schrumpfung der englischen Luftwaffe von nahezu katastrophalen Ausmaß geführt. Naturgemäß waren auch die deutschen Verluste groß. Als die Vorbereitungen für das Unternehmen „Seelöwe" nahezu beendet waren, blieb für seine Durchführung praktisch nur noch ein Tag im September übrig. Oberbefehlshaber und der Chef des Generalstabes haben Hitler auf die Durchführung gedrängt. Sie haben das Für und Wider klar abgewogen und Hitler deutlich vor Augen gestellt. Das Risiko bestand zweifellos in der Überquerung des Kanals. Der Generalstab war der Ansicht, dieses Risiko durch deutsche U-Boote, deutsche Seestreitkräfte, deutsche Luftwaffe, Minensperren und Küstenartillerie weitgehend zu vermindern. Er führte als Gegenargument ins Feld, dass nur die verhältnismäßig schwache Zahl von 36 Divisionen benötigt werden. Er wies darauf hin, dass in England keine nennenswerten Kräfte vorhanden seien, und dass man mit einem Schlag den ungeheuer starken Flugzeugträger „England" ausschalten könne.

Hitler schien im Zweifel. Als die dramatische Spannung den Höhepunkt erreicht hatte, und als nur wenige Tage für die Durchführung des Unternehmens zur Verfügung standen, fiel die Entscheidung Adolf Hitlers: „Ich kann es mir nicht erlauben, dass die Soldaten von 15 Divisionen im Kanal ertrinken, solange es einen anderen Weg gibt, England zum Frieden zu bringen." Dieser Weg war oder sollte sein, die Wegnahme Gibraltars und die Durchschneidung des englischen Seeweges im Mittelmeer. Hitler befahl, dass die Maßnahmen „Seelöwe" zur Tarnung weiter in Kraft bleiben sollten. Damit blieb die Schlacht um England ungeschlagen. Diese ungeschlagene Schlacht aber war von den Engländern gewonnen worden.

Was aber konnte Hitler bewogen haben, auf diese Schlacht zu verzichten? Wenn er sagte, der eventuelle Verlust von 15 Divisionen hindere ihn an der

Durchführung des gesamten Unternehmens, so stimmt das nicht mit seiner sonstigen Charakterhaltung überein. Er hat bewiesen, dass er stur und kaltblütig, etwa im Falle Stalingrad, noch mehr Divisionen zu opfern imstande war. Also in Fällen, wo das Risiko, das ja in jeder Schlacht, in jedem großangelegten Unternehmen vorhanden ist, in keinem Vergleich zum erstrebten Erfolg, wie in diesem Falle zur Ausschaltung Englands, stand. Will man die wirklichen Ursachen dieses an sich unverständlichen Entschlusses Hitlers klarlegen, so muss man schon tiefer forschen.

Als maßgebliche Komponente, die zu seiner Entscheidung führte, wirkte ohne Zweifel Hitlers unglückliche und unerwiderte Liebe zu England. Immer und immer wieder schwebte ihm ein Zusammengehen, ein Abstimmen, eine Verständigung mit England vor. Er hat dies durch seine Reden, die sicher aufrichtig gemeint waren, oft genug gesagt. Er hat es nie verstanden, dass England - enttäuscht und misstrauisch durch seine Handlungen - diese seine Liebe unerwiedert ließ. Ferner mag Hitlers Widerwillen gegen das „große Wasser" bei seiner Ablehnung des Unternehmens „Seelöwe" mitgesprochen haben. Hitler war kein „Wassermensch", er hatte eine Ablehnung gegen „großes Wasser". Er ist nur widerwillig auf See gegangen, er hat nur ungern sein Boot „Grille" betreten. Aus dieser Einstellung heraus mag er sicher dem Unternehmen „Seelöwe" skeptisch gegenübergestanden haben oder auch innerlich nicht so mitgerissen war, wie dies bei anderen Land-unternehmen der Fall war.

Vielleicht aber auch, und auch dies Motiv ist einleuchtend, war Hitler zu dieser Zeit bereits innerlich entschlossen, den Krieg gegen Russland zu führen. Vielleicht hoffte er bei diesem Krieg, England auf seiner

Seite zu haben. Aus diesen Gründen mag er, und alle Tatsachen aus seiner Umgebung und sein Verhalten sprechen dafür, von seinem Standpunkt aus die Vorbereitungen zum Unternehmen „Seelöwe" nie ernst genommen haben. Es spricht aber vieles dafür, dass Hitler das Gespenst einer Invasion in England an die Wand gemalt hat, um neben U-Booten und Bombenflugzeugen ein weiteres Druckmittel in der Hand zu haben, das England auch ohne tatsächliche Landung kleinkriegen sollte. Rein militärisch gesehen ist nicht zu sagen, ob das Unternehmen „Seelöwe" erfolgreich verlaufen wäre. Es ist auch bisher nicht möglich gewesen, festzustellen, ob Marine und Luftwaffe als „retardierendes Moment" gewirkt haben. Die Marine sagt, die Luftwaffe habe ihre Aufgabe nicht voll erfüllt, die Luftwaffe dagegen, die Marine wäre ihrer Aufgabe nicht gewachsen gewesen. Demgegenüber war das Heer von einem Gelingen überzeugt und sah ganz klar die Möglichkeit, den Krieg gegen England zu beenden und damit den Krieg ganz allgemein, auch wenn Churchill zu dieser Zeit erklärte, er würde, wenn nötig, den Krieg von Amerika aus weiterführen. Aufs Ganze gesehen scheint das unterlassene Unternehmen „Seelöwe" eine von Hitler verpasste Chance gewesen zu sein, die sich hundertprozentig in einen Erfolg für England umgewandelt hatte.

Die Aufhebung der Maßnahmen für „Seelöwe" erfolgte kurz vor Beginn des Russland-Krieges, als es klar war, dass mit Spanien eine Übereinstimmung im Falle Gibraltar nicht zu erzielen war. Diese Absicht, Gibraltar zu nehmen, ist nichts als ein kleines interessantes Zwischenspiel im Ablauf des Geschehens. Die Vorbedingung war naturgemäß das Herbeiführen eines Einverständnisses mit Spaniens Staatschef Franco.

Diesem Einverständnis stand von vornherein die Tatsache entgegen, dass das Verhältnis zwischen Hitler und Franco immer recht kühl gewesen war. Es bestand zwischen beiden nicht die Spur eines herzlichen Verstehens, wie es zwischen Hitler und Mussolini der Fall war. Abgesehen davon hat Franco bei der bekannten Aussprache in Hendaya an der französisch-spanischen Grenze offensichtlich gebremst und eine gewisse Zurückhaltung an den Tag gelegt. Franco war das Unternehmen eines Durchmarsches deutscher Spezialtruppen durch sein Land zu riskant. Die für diesen Zweck geschulten Spezialeinheiten mochten wohl in der Lage sein, Gibraltar zu nehmen. Dagegen hätte die Duldung eines solchen Vorgehens für Spanien zu weiteren Konsequenzen geführt, denen Franco einfach nicht gewachsen war. Spanien ist bei seiner Einfuhr auf zwei Dinge lebensnotwendig angewiesen. Das sind Getreide und Benzin. Auf beides hatte aber das die Seewege beherrschende England die Hand. England hätte sicher im Falle eines deutschen Durchmarsches durch Spanien diesem Land den Benzinhahn zugedreht und die Getreideeinfuhr abgeschnitten. Die Achsenmächte konnten hier Spanien in keiner Weise einen Ausgleich bieten. Im Übrigen war es ja für Spanien viel lukrativer, die sich bekriegenden Staaten als Käufer am spanischen Markt zu haben, trieben sie sich doch gegenseitig die Preise, besonders für Wolfram, in die Höhe. In typisch spanischer Manier gab Franco Hitler nicht eine klare Ablehnung, sondern zog die Verhandlungen hin, vertröstete auf später oder stellte übergroße Forderungen als Gegenleistung, etwa in Nordafrika. Erst als es klar war, dass die Zustimmung Spaniens zu einem deutschen Durchmarsch und zur Eroberung Gibraltars von Land aus nicht zu erhalten war, entschloss sich Hitler zum anderweitigen Handeln, das ihm wahrscheinlich schon nach dem Krieg gegen

Frankreich vorgeschwebt hatte. Dieses Handeln aber hieß klipp und klar: Krieg gegen Russland. Und so konnte Hitler befriedigt in das Kriegstagebuch des OKW abschließend diktieren: „Man ist nicht gezwungen, das Wagnis des Unternehmens „Seelöwe" zu übernehmen, da es noch einen billigeren Weg gibt, England zum Frieden zu zwingen, nämlich den letzten „Festlandsdegen" Englands zu zerschlagen, und das ist Russland."

Zwischenspiel

März 1947. Die Männer im Lager ehren die Toten des Zweiten Weltkrieges. Unter dem regengrau verhangenen Himmel eines Märzsonntages wächst ein hohes Holzkreuz hinter dem Stacheldraht empor. Es ist in seiner schmucklosen Schlichtheit wie ein Symbol der stillen Duldung, wie ein mahnendes Zeichen der Besinnung auf die Dinge, die jenseits dieser Welt liegen, und in ihrer metaphysischen Grenzenlosigkeit in Zeit und Raum selbst dem härtesten der hier eingesperrten Kriegsgefangenen Fragen aufgeben, deren Nährgrund tief in seinem Innern verschüttet liegt. Wie oft haben diese, von der Gemeinschaft ausgeschlossenen Männer dieses Internierungslagers, wenn sie in dem grauen Einerlei der endlos verfließenden Lagertage hier vorbeikamen, minutenlang vor dem verdorrten Sinnbild des Evangeliums verweilt! Wohin mögen ihre Gedanken gewandert sein? In die Kindheit? Ins Elternhaus? In eine Zeit, die noch keine „Sünde wider den Geist" und noch nicht die materialistische Hemmungslosigkeit der vergötterten Staatsraison kannte? Oder etwa den dunklen Bereich, der hinter dem Tode liegt?

Heute kommen sie auf allen Lagerstraßen zu diesem Kreuz, das ein frisch grünender Rasen umgibt. Erst sind es wenige, dann mehr, dann Hunderte, dann viel, viel mehr. Dicht gedrängt umstehen sie die schmalen Balken. Leicht gerötet sind ihre Gesichter von dem frischen Wind, der in ihren Haaren spielt. Langsam wandert ihr Blick hoch den Stamm entlang, bis sie plötzlich mit neuer Eindringlichkeit dieses uralte Kreuzzeichen des Abendlandes gegen die graue Wolkendecke gemalt sehen. Immer mehr Männer finden sich ein, und eine Stimmung stiller Sammlung legt sich fast unmerklich über die Reihen. Da teilt sich plötzlich die Mauer der Grünjoppen. Durch ein enges Spalier schreiten ein paar Gefährten und breiten einen selbstgefertigten Kranz aus Tannenzweigen am Fuße des Kreuzes als Gruß der Stacheldrahtüberlebenden an die Toten. Es scheint wie eine Völkerversöhnung, dass unmittelbar hinter diesen deutschen Internierten langsamen Schrittes, mit ernstem Gesicht in voller Offiziersuniform der amerikanische Lagerkommandant folgt. Neben ihm in der gleichen Uniform des Siegers die Männer seines Stabes. Wenige Meter vor dem Kreuz und inmitten der stumm verharrenden deutschen Gefangenen, der Feinde von gestern und noch Unfreien von heute, macht er Halt. Für Sekunden stehen Sieger und Besiegte in stummer Andacht, als wäre für einen Augenblick lang die Zeit stehengeblieben. Erst leise, dann für ein paar Takte etwas gedämpft, klingen die mahnenden Weisen des Gedenkens an die Toten auf, die die Lagerkapelle nun spielt. Es ist ein Gedenken an alle Toten dieses zu Ende gegangenen grausigen Völkerringens, und während die zarte, zeitlose Sprache der Musik von Mann zu Mann wandert, ohne Unterschied der Uniform und der Rasse, und man außer dem Instrumentenspiel nichts anderes vernimmt, kein dumpfes Stiefelklappern, kein Werkzeughämmern, kein Kommandowort, überragt wuchtig dieses blanke Kreuz der Versöhnung die Männerversammlung. Die Amerikaner legen die Hand zum Gruß an die Uniformmützen als zum Ausklang die Grünjoppen „Ich hatt´ einen Kameraden" singen.

Aber dann geht das Leben weiter, dieses Warten ohne Ende zwischen den hohen Türmen der polnischen Wächter. Noch hat der Geist der Völkerversöhnung die starren Parolen der „Instructions" nicht durchbrochen. Und noch ist auch von deutscher Seite aus dem Bereich jenseits dieses spitzen Stacheldrahtes kein einlenkendes Wort gefallen, das der summarischen Einteilung der deutschen Bürger verschiedener Klassen ein Ende setzt. März 1947. Für viele, für die meisten Internierten von Ludwigsburg und der anderen Lager, werden noch Jahre vergehen, ehe die unselige Politik der Bestrafung überwunden ist.

Am Abend läuft das Wort durch das Lager, dass der ehemalige Finanz- und Außenminister Graf Schwerin von Krosigk wieder sprechen werde, dass er über das kurze Intermezzo der Dönitz-Regierung berichten werde. Wieder schleppen ein paar Kameraden Holzscheite in jenen breitgespannten Dachraum, um mit ihnen den schmalen Ofen in seiner Mitte anzuheizen. Hier unter den Ziegeln der ehemaligen Quartiere der Luftwaffensoldaten finden sich immer wieder die Internierten zusammen, um ihren Schicksalsgenossen über ihre Erlebnisse zu berichten, ob sie nun „ganz oben" gestanden haben oder weiter unten. Jeder hat von seinem Platz aus Dinge erlebt und beobachtet, die den Wissenshunger nach den tatsächlichen Geschehnissen der jüngsten deutschen Vergangenheit stillen zu können. Schon bald nach dem abendlichen Essenfassen, Erbsenmehlsuppe und ein Stück Brot, füllen sich die Reihen der primitiven Bänke dicht an dicht. Immer, wenn einer von ihnen spricht, kommen sie zuhauf. Viele machen sich Notizen. Deutschlands letzter Außenminister vor der Kapitulation entwickelt an diesen Abenden eine äußerst lebendige Sprache, voll plastischer Eindringlichkeit und Brillianz. Doch nicht nur das Politische zieht sie an. Auch wenn Schwerin von Krosigk beispielsweise über den „Puritanismus in England" vorträgt, oder wenn er etwa im evangelischen Gottesdienst predigt, oder wenn ein mitinternierter renommierter Universitätsprofessor einen Vortrag über die amerikanische Verfassung hält, ist der kalte Dachraum voll bis auf den letzten Platz.

An keiner anderen Stelle in Deutschland lebt in den Geistern ein so forschendes Interesse an eigenen oder gegnerischen Hauptgestalten des Zweiten Weltkrieges, an den Kräften, die sie bewegten, wie bei diesen Männern im Lager.

Eisenhower, Montgomery, Bedell Smith, Eden, Hitler, Himmler und Dönitz, wie die Höhepunkte eines abendfüllenden Dokumentarfilms leuchten die Namen in den Berichten der internierten Kameraden auf. Schwerin von Krosigk, wie üblich in grüner Lagerjoppe, geistreich, dabei doch präzise formulierend, rekapituliert seine Erlebnisse als Außenminister der Dönitz-Regierung. Er ist der lebendige Mittelpunkt des Saales. Beim Sprechen macht er mitunter kleine Schritte, manchmal nach links, manchmal nach rechts, um den Kontakt mit seinen Zuhörern noch lebendiger zu gestalten. So beginnt die Flensburger-Episode der letzten geschäftsführenden deutschen Reichsregierung abzurollen.

Nur ein alles überschattender, Seele und Gemüt bedrückender Grundgedanke beherrschte nach Hitlers

Tod die Überlegungen des Kabinetts Dönitz: Wie können wir die weitere Vernichtung deutscher Städte durch die anhaltenden anglo-amerikanischen Bombardierungen verhindern? Wie können wir die Vernichtung der endlosen, vor den Russen flüchtenden Karawanen deutscher Menschen aufhalten? Nur ein Weg schien gangbar: Nach Westen kapitulieren und nach Osten zunächst weiterkämpfen, um möglichst viele Zivilisten und Soldaten, die von Osten nach Westen strömten, vor dem Zugriff der Russen zu bewahren. Der Gedanke einer Kapitulation in Etappen tauchte auf, um Zeit zu gewinnen und den Flüchtlingsmassen Gelegenheit zu geben, noch rechtzeitig in den anglo-amerikanischen Besatzungsbereich zu kommen. Weder Dönitz noch sein Außenminister machten sich die geringste Illusion, dass das Gelingen dieses letzten großen Wunsches der deutschen Führung an einem winzigen seidenen Faden hing, der jederzeit durchschnitten werden konnte. Keiner wusste nach dem 1. Mai 1945, wie lange die Regierung von Hitlers Nachfolger dauern würde, ob die Gegenseite überhaupt mit ihr verhandeln wollte, ob die Westmächte überhaupt zugänglich waren für die beschwörenden Argumente der Männer in Flensburg, möglichst viele Menschen dieses todwund geschlagenen deutschen Landes dem russischen Stiefel zu entziehen. In internen Beratungen setzte sich Dönitz das Ziel, alles daran zu setzen, um das prekäre Leben seiner Regierung unter allen Umständen bis zum 11. Mai zu verlängern. Bis zu diesem Zeitpunkt hoffte das Flensburger Hauptquartier, das Gros der noch intakten deutschen Einheiten und der westwärts wandernden Zivilisten Legionen bis über die Elbe zurückzuführen. Im Osten stand die Heeresgruppe Schörner mit fast eineinhalb Millionen Soldaten, die zurückgebracht werden mussten, da die Amerikaner entsprechend dem Jalta-Abkommen nicht weiter nach Osten vorrückten, sondern an der Elbe und in Thüringen

Halt gemacht hatten. „Sofort offiziellen Kontakt mit dem Westen aufnehmen entscheidet nach dem Hitlers Tod sein Nachfolger, besessen von dem Gedanken, den Westmächten unverzüglich die deutschen Motive für eine gestaffelte Kapitulation nach Westen darzulegen. Nach kurzer Beratung mit seinen Mitarbeitern entsendet Dönitz den Generaladmiral von Friedeburg mit einer deutschen Delegation in das Hauptquartier Montgomerys. Kühl, aber korrekt empfängt der englische Feldmarschall die deutschen Vertreter. Schweigend hören er und seine Stabsoffiziere den deutschen Argumenten zu: Die deutsche Führung ist zur Waffenstreckung bereit, aber in Etappen, das heißt, erst nach Westen und auch hier in verschiedenen Abschnitten hintereinander, um Zeit zur Rückführung der zivilen Flüchtlinge und der deutschen Heerestruppen aus dem russischen Bereich, wie er in Jalta Moskau zugeteilt wurde, in die Zonen der Anglo-Amerikaner zu sichern. Knapp und militärisch präzise, doch mit einem fast unmerklichen drängenden Unterton, der um Verständnis wirbt, bringen die Deutschen ihr Anliegen vor. Dann schweigen sie. Engländer und Deutsche messen sich. Es wird für wenige Sekunden mäuschenstill. Was wird der britische Gegenspieler antworten? Die deutschen Darlegungen scheinen jedenfalls nicht völlig ohne Eindruck geblieben zu sein. Die Pause dauerte nicht lange, denn schon antwortete Montgomery und deutete auf einer großen Karte mit dem Finger auf das noch immer deutsch besetzte, noch von keiner alliierten Aktion direkt bedrohte Skandinavien. Dann forderte der britische Marschall kategorisch: „Auch die deutsche Nordfront muss kapitulieren, und zwar sofort!" Erst dann könne man über den deutschen Vorschlag einer Vorkapitulation nach West reden. Er werde London sofort von den deutschen Argumenten unterrichten. Generaladmiral Friedeburg und seine

Begleiter atmen auf, als der britische Oberbefehlshaber jene bange Frage, die die deutsche Führung in diesen Tagen aufs stärkste bewegt, ohne Erwähnung lässt, nämlich die Frage, ob die Dönitz-Regierung, ob ein deutsches zentrales Führungsgremium weiter am Leben bleiben kann oder nicht. Die Bevollmächtigten des Großadmirals erklären sich mit der Forderung auf Kapitulation einverstanden, und nach der Bestätigung ihrer Zusage durch Dönitz leiten sie diese Entscheidung sofort an Montgomery weiter, der wiederum unverzüglich das britische Kabinett verständigt.

Doch da trifft ein Funkspruch von Generaloberst Lindemann, dem deutschen Kommandanten in Dänemark, ein. Er funkt nach Flensburg-Mürvik, dem Hauptquartier von Dönitz, er werde weiter kämpfen und die letzte anständige Schlacht des Krieges schlagen. Die Truppe sei in Ordnung, Munition und Verpflegung vorhanden. Gleichzeitig teilt er mit, dass er den bisherigen Reichskommissar für Dänemark, Best, verhaftet habe und ihn bei Morgengrauen erschießen lassen werde. Grund: Der Reichskommissar habe seinen alten Status als deutscher Gesandter bei der dänischen Regierung wieder angenommen und die deutsche Soldatenwache vor seinem Dienstsitz durch dänische Polizei ersetzen lassen. Dönitz und seine Mitarbeiter sind durch den unnachgiebigen Funkspruch Lindemanns aufs Äußerste alarmiert. Die soeben erst mit Montgomery angeknüpften zarten Fäden drohen durch die Haltung des deutschen Kommandanten in Dänemark wieder zerschnitten und der Plan zur Rettung der vor den Russen fliehenden Flüchtlinge zerstört zu werden. Ein Blitzferngespräch beordert Lindemann nach Flensburg mit der zusätzlichen Maßgabe, auf keinen Fall Best zu erschießen. Lindemann kommt. In einer dramatischen Unterredung wird Lindemann davon überzeugt, dass alle militärischen Gesichtspunkte und alle persönlichen, von einem verständlichen Ehrgefühl des Offiziers vor den fundamentalen politischen Überlegungen der Stunde zurückzutreten haben. „Es kommt jetzt entscheidend darauf an, den Westen nicht sinnlos zu reizen und den großen Versuch der Rückführung der westwärts fliehenden Menschen zu gefährden." Eine Fortsetzung der anglo-amerikanischen Kampfmaßnahmen infolge der Weigerung zur Waffenstreckung an der deutschen Nordflanke, die weitere Bombardierung der Städte und der wehrlosen Flüchtlingsmassen auf den überfüllten Straßen sei für die deutsche Gesamtsituation untragbar. Der Generaloberst gibt nach. Nach seiner Rückkehr ordnet er die Kapitulation der deutschen Armee in Dänemark an, gefolgt von der Waffenstreckung der deutschen Soldaten in Norwegen. Der ehemalige Reichskommissar in Dänemark, Beck, wird nicht erschossen. Dann gehen die Versuche fieberhaft weiter, die Kontaktaufnahme mit dem Westen zu vertiefen. Während Generaladmiral Friedeburg (der sich später, Ende Mai, das Leben nahm) dieses Mal zu Eisenhowers Generalstabschef Bedell Smith entsandt wird, um weitere Kapitulationsverhandlungen zu führen, werden gleichzeitig die Fäden zu Montgomery und London weitergesponnen. Die Deutschen plädieren in diesen internen Verhandlungen hinter den Kulissen für die Beibehaltung der Dönitz-Regierung im Amt, um die Kontinuität einer deutschen Führung in engster Zusammenarbeit mit den Anglo-Amerikanern zur Bewältigung der ungeheuren Aufgaben der Unterbringung und Versorgung der entwurzelten deutschen Menschenmassen zu sichern. Als demonstrative Geste werde man sofort die nationalsozialistische Partei und alle ihre Gliederungen auflösen. Doch müsse eine deutsche Ordnungsmacht erhalten bleiben, so lauten die deutschen

Gedankengänge, um das Chaos des totalen Zusammenbruchs, das alles Vorstellbare überschreite, zu überbrücken. In vorsichtig tastenden Worten wird dabei von deutscher Seite gleichzeitig angedeutet, dass man bereit ist, den Kampf gegen Russland fortzusetzen, um die Russen wieder aus Europa hinauszudrängen. Es sind Überlegungen, wie sie während der letzten Kriegsmonate als Ansicht einflussreicher britischer Kreise bekannt geworden sind. In diesen inoffiziellen englischen Überlegungen spielt insbesondere die Vorstellung eine Rolle, dass man irgendein deutsches Führungsgremium erhalten müsse. Dönitz´ Bevollmächtigte lassen dieses Thema immer wieder in vorsichtiger Form anklingen. Während Montgomery jedoch auf diese Sondierungen weder positiv noch eindeutig negativ reagierte, sondern eine Entscheidung offen ließ, erklärte Eisenhower, dass gleichzeitig mit der Kapitulation nach Westen auch die Waffenniederlegung nach Osten erfolgen müsse. Um Zeit zu gewinnen, müsste nach deutscher Berechnung der Versuch gemacht werden, die totale Kapitulation bis zum 11. Mai hinauszuzögern, erklärte Generaladmiral von Friedeburg, Eisenhowers Stabschef Bedell Smith, er habe dazu keine Vollmachten, verschwieg jedoch, dass er diese Vollmachten tatsächlich besaß. In einem neuen Versuch begaben sich Generaloberst Jodl und Friedeburg ein zweites Mal zu Bedell Smith und erklärten nun ganz offen, warum man, wenigstens mit der Kapitulation nach Osten, bis zum 11. Mai warten wolle. Ähnlich wie bei dem Engländer Montgomery machen die deutschen Argumente auch bei Bedell Smith einen gewissen Eindruck. Praktisch wollen die Deutschen also die alliierte Forderung der bedingungslosen Übergabe erfüllen. Nur ihren technischen Ablauf wollen sie staffeln über einen Zeitraum von rund 10 Tagen. Die zentrale deutsche

Sorge, möglichst viele Menschen vor den Russen zu retten, erscheint ihm verständlich. In seinem Gesicht lesen die deutschen Unterhändler einen Schein von der Zustimmung. Doch als Bedell Smith seinem Chef die deutschen Wünsche vorträgt, ihre Gründe nennt und das Datum des 11. Mai für die Gesamtübergabe auch nach Osten nennt, schüttelt Eisenhower den Kopf. „No, bis zum 9. Mai!" Das ist die äußerste Zeitgrenze, die er zulässt.

Inzwischen setzen die den Sowjets gegenüberstehenden deutschen Truppen, insbesondere die Schörner-Armee, in letzten heroischen Anstrengungen den Widerstand gegen die Russen fort. Mit fast übermenschlichen Kräften stemmen sie der russischen Dampfwalze den letzten intakten deutschen Schild entgegen, hinter dem der Strom der depossedierten, entwurzelten, verzweifelten deutschen Menschen sich nach Westen wälzt. Nur diesem unvergesslichen Kampf der seelisch und körperlich aufs Schwerste belasteten deutschen Soldaten in jenen hektischen Maitagen ist es zu verdanken, dass schließlich rund 3,5 Millionen deutscher Flüchtlinge vor dem russischen Schicksal bewahrt blieben.

Packend würdigt Dönitz diese letzte große Leistung des aus allen Wunden blutenden deutschen Heeres am Ausgang des Zweiten Weltkrieges. Ob es jemals einen Chronisten geben wird, der die Bedeutung dieser Tage in dichterischer-gültiger Form gestaltet?

Ehe seine Zuhörer noch diesen Gedanken zu Ende gedacht haben, fährt Schwerin von Krosigk fort, die diplomatisch-politische Aktivität der deutschen Führung in Koordination zu den militärischen Verzögerungskämpfen gegen die Russen zu skizzieren. Einer der

Grünjoppen legt neue Holzscheite in den Ofen, dass die Funken stieben. Die anderen rücken sich in bequeme Positionen auf den harten Holzbänken. Dann ist es wieder totenstill, eine einzige, fast mit den Händen greifbare Konzentration.

Ein Punkt, eine zentrale Frage war in den Kapitulationsbesprechungen mit den westlichen Militärs noch offen geblieben. Diese Frage bewegte die Männer in Flensburg seit Hitlers Tod zutiefst. Wie weit würde die Kapitulation gehen? Würde sie neben der militärischen auch die totale Vernichtung Deutschlands bedeuten? Würden die Alliierten bei den kommenden gigantischen Aufgaben, die in dem bis auf die Wurzeln aufgewühlten Herzstück Europas der dringenden Lösung harrten, auf jene psychologischen Momente Rücksicht nehmen, die durch das Fortbestehen eines deutschen Ordnungsfaktors gekennzeichnet waren? Würden die Deutschen, selbst auf der tiefsten Sohle des Abgrunds, noch einen, wenn auch noch embryonalen, Kristallisationspunkt der Mitberatung und Mitverwaltung retten können? Oder würde man den Geist Morgenthaus triumphieren lassen, jenen Ungeist der restlosen Atomisierung? Würden die Alliierten unter Verzicht auf jegliche deutsche Mithilfe und Erfahrung für sich und untereinander oder gar gegeneinander das Chaos in Deutschland zu beherrschen suchen? So, dass die latenten Gegensätze im System, in der Mentalität, im „Way of life" zwischen Ost und West unmittelbar aufeinanderprallen und sie auf dem Rücken dieses geschundenen, zerschlagenen und besiegten deutschen Millionenvolkes austragen würden? Diese zyklopenhaft schwere Sorge lastete lähmend auf den Männern, die am 1. Mai das Erbe Hitlers angetreten hatten. Langsam schob sich der Datumsverlauf der Maitage vorwärts. Und mit jedem neuen Morgengrauen tauchte erneut der bange Zweifel auf: „Wird man eine deutsche Regierung bestehen lassen?"

Weder Montgomery noch Bedell Smith hatten bisher zu den diesbezüglichen behutsamen Sondierungen der deutschen Unterhändler eine klare Haltung eingenommen. Ganz schwach glühte im Flensburger Hauptquartier ein Hoffnungsfünkchen, dass sich die Alliierten diesem zentralen deutschen Anliegen nicht ganz verschließen würden. Dönitz beauftragte Schwerin von Krosigk, zunächst noch unter der Hand, eine Art geschäftsführende deutsche Regierung zu bilden, die die Zusammenarbeit mit den Siegern aufnehmen könne. Schwerin von Krosigk selbst sollte die außenpolitischen Belange vertreten. Backe sollte als Ernährungsminister, Dorpmüller als Verkehrsminister beibehalten werden, und Speer sollte seine organisatorischen Fähigkeiten als Wirtschaftsminister einsetzen. Informell wurde den Alliierten davon Kenntnis gegeben. Die westlichen Kommandanten verhielten sich wiederum zögernd, keine Zustimmung, aber auch keine kategorische Ablehnung. Backe gab den Westmächten die „Katastrophentermine" bekannt, an denen das Volk vor dem nackten Nichts, vor leeren Brotkörben, vor dem beißenden Hunger stehen werde. Der anglo-amerikanische Besatzungsraum füllte sich inzwischen unaufhörlich, Tag und Nacht, Stunde für Stunde, mit immer neuen hungernden Mäulern. Es müsse sofort gehandelt werden, ehe die in weiten Teilen bereits zerschlagene deutsche Verwaltungsmaschine vollends zusammenbreche. Konkret erklärte Backe den angelsächsischen Verbindungsoffizieren, er könnte den totalen Zusammenbruch der deutschen Ernährungslage auffangen unter der Voraussetzung, dass der interne Verwaltungsapparat aufrecht erhalten bleibe und nicht etwa aufgelöst werde, um durch ortsfremde und sachunkundige alliierte Militärs ersetzt zu werden. Auch hier war die erste alliierte Reaktion durchaus nicht negativ. Backe wurde in Eisenhowers Hauptquartier nach Reims eingeladen, um dort den alliierten Stellen sein Anliegen vorzutragen. In Flensburg interpretierte man dies vorsichtig als ein Zeichen alliierten Verständnisses für die deutschen Sorgen und Wünsche. Doch dieser Hoffnungsschimmer sollte nicht von langer Dauer sein. Backe flog zwar nach Reims, kam aber nicht mehr zurück. Er wurde, nachdem man seine Vorschläge angehört hatte, verhaftet. Schwer traf dieser Schlag die Flensburger Hoffnungen. Ein ähnliches Schicksal wie Backe erlebte Dorpmüller. Auch er, soeben erst von einer schweren Operation genesen, aber immer noch arbeitsfreudig, erklärte sich bereit, das deutsche Verkehrsnetz innerhalb von sechs Wochen wieder in Ordnung zu bringen. Aber er nannte zwei Voraussetzungen: Er verlangte volle Handlungsfreiheit, und zweitens erklärte er es für unumgänglich, dass kein geschulter Eisenbahner wegen seiner Zugehörigkeit zur NSDAP aus dem Personalbestand der Reichsbahnen entlassen werde. Trotz der bösen Erfahrungen, die man im Falle Backe gemacht hatte, keimte doch in Flensburg-Mürvik erneut eine dünne Hoffnung auf, als auch Dorpmüller zu Verhandlungen nach Reims eingeladen wurde. In einem alliierten Flugzeug begab sich Dorpmüller ins Hauptquartier Eisenhowers, um gleich nach seiner Ankunft in einem kleinen Schlösschen in der Nähe von Reims interniert zu werden. Hier trug der 79jährige deutsche Verkehrsminister den alliierten Sachverständigen seine Pläne für die Reorganisation des deutschen Eisenbahnnetzes vor. Die Anglo-Amerikaner machten sich eifrig Notizen. Ohne genaue Instruktionen und ohne präzisen Auftrag wurde Dorpmüller kurze Zeit später wieder nach Flensburg zurückgeflogen. Was würde geschehen? Würde man Dorpmüller tatsächlich freie Hand geben? Doch ehe diese Frage noch beantwortet werden konnte, warf eine zweite schwere Krankheit den alten Herrn nieder. Er starb. Die große Chance, dass der Westen dem deutschen Fachmann die Möglichkeit zur Weiterarbeit an zentraler Stelle geben würde, war vorüber. Denn ein zweiter Auftrag an einen anderen Verkehrssachverständigen erging nicht mehr.

Hier unterbricht der Sprecher für einen kurzen Moment seinen Bericht. Der Exminister trinkt einen Schluck Wasser und sagt dann: „Kameraden! Um das Flensburger Panorama vollständig zu machen, muss ich hier ein „Intermezzo-Himmler" einlegen, gleichsam die letzte Episode Himmlers, bevor der „Reichsführer" seinem Leben ein Ende machte!" Spürbar aufmerksam wurden die Zuhörer. Nicht wenige unter ihnen, die hier im Kreis um Schwerin von Krosigk sitzen, haben mit Himmler von nah und fern zu tun gehabt. Entspricht die Vorstellung von jenem gefürchteten obersten Gott der SS als einen eisenharten, wild entschlossenen Mann den Tatsachen?

„Wollte man diesem Mann Heinrich Himmler einen treffenden Beinamen zulegen, so müsste man ihn den großen „Cunctator" den großen Zögerer nennen!" erklärt Schwerin von Krosigk. Doch kein Cunctator im klassischen Sinne des taktisch abwägenden Politikers oder Feldherrn, der die besten Chancen zum Zuschlagen abwartet, sondern ausschließlich im Sinne des ewig wankelmütigen Menschen in der entscheidenden Stunde das Wagnis zu machen. Eine charakteristische Geste dieses intimsten Mitarbeiters Hitlers war sein stetiges Kauen am gekrümmten Zeigefinger. Es ist eine Tatsache, dass Himmler schon im Sommer 1944 voller quälender Zweifel über den kompromisslosen Kriegsverlängerungskurs Hitlers war. In den obersten

SS-Kreisen wurde sogar mit dem Gedanken gespielt, eventuell hinter dem Rücken des Diktators die Möglichkeit eines Verhandlungsfriedens zu prüfen. Nachdem es unmissvertständlich klar geworden war, dass Eisenhowers Invasions-Vorstoß auf dem Kontinent gelungen war und der Zweifrontenkrieg in voller Wucht gegen Deutschland weiter vorgetragen werden würde, bestürmten verschiedene hochgestellte Persönlichkeiten aus Himmlers Freundeskreis den „Reichsführer", die Entwicklung selbst in die Hand zu nehmen und eine Entscheidung auf dem Verhandlungswege herbeizuführen, da es „so nicht weitergehen könne". Himmler schmeichelte die Aussicht, unter Umständen die Nachfolge Hitlers anzutreten. Er argwöhnte, dass Goering ähnliche Gedanken trage und wollte diesen auf alle Fälle zuvorkommen. Doch unentschlossen vertröstete Himmler seine „Mitwisser" immer wieder mit dem Versprechen, er werde innerhalb der nächsten vier Wochen handeln. Er handelte aber nicht, sondern ließ den Betreffenden, dem er die Zusage gemacht hatte, nicht mehr vor. Er kam immer wieder ins Schwanken zwischen seiner persönlichen Treue zu Hitler und der besseren Einsicht. Er ergriff erst die Initiative, als in der letzten Aprilhälfte die Nachrichten aus Berlin keinen Zweifel mehr an dem unentrinnbaren Heranrücken der Katastrophe ließen. Er machte über einen seiner engsten Mitarbeiter, dem Chef des SD-Dienstes, Schellenberg, das bekannte Kapitulationsangebot nach Westen gegenüber dem schwedischen Grafen Bernadotte. Gleichzeitig sandte er als Chef des Heimatheeres einen Ordonanzoffizier an das Ostfront-Kommando mit der Auflage, unter allen Umständen weiterzukämpfen. Er werde in Verhandlungen mit dem Westen eintreten, zu deren Erfolg die Fortführung des Kampfes an der Ostfront unbedingt notwendig sei. In seinen

Vorstellungen über die möglichen Erfolgsaussichten einer Verhandlung mit dem Westen entpuppte sich Himmler als ein absoluter Romantiker. Dieser neben Hitler in der ganzen Welt bestgehasster Vertreter des Naziregimes gab sich tatsächlich der Illusion hin, er sei in der Stunde des vollständigen Zusammenbruchs dieses Regimes ein akzeptabler Verhandlungspartner. Darüberhinaus berichtet Schwerin von Krosigk seinen Stacheldrahtgefährten an diesem Abend folgende pikante Einzelheit: Nach Hitlers Tod rief Himmler in Flensburg Schwerin von Krosigk an und bat ihn um eine Unterredung. Als sich die beiden Männer gegenüberstanden, erklärte Himmler allen Ernstes, er stelle mit seinen SS-Divisionen den einzigen noch übriggebliebenen Ordnungsfaktor in Europa dar, der allein imstande sei, das drohende Chaos zu überwinden, und der als solcher von den Westmächten unbedingt gebraucht werde. Er forderte Schwerin von Krosigk auf, für ihn eine Aussprache mit Eisenhower zu arrangieren. Eine halbstündige Aussprache mit Oberkommandierenden der Westmächte werde Eisenhower davon überzeugen, dass die SS-Divisionen die innere Ordnung nicht nur Deutschlands, sondern auch in den von Russland noch unbesetzten Teilen des Balkans garantieren könnten. Dönitz solle sich um das Militärische kümmern, er werde die politischen und verwaltungsmäßigen Aufgaben übernehmen. Vorher hatte sich Folgendes abgespielt: Als Himmler Mitte April 1945 die Nachfolgerschaft Hitlers in Erwägung zog, hatte er Dönitz gefragt, ob dieser sich in einem solchen Fall dem „Reichsführer" unterstelle. Dönitz hatte diese Frage bejaht. Nach dem 1. Mai, nach Hitlers Tod, hatte nun Dönitz Himmler angerufen und ihm präzise und klar die gleiche Frage vorgelegt, ob sich Himmler Dönitz als den von Hitler bestimmten Nachfolger unterordne. Himmler zögerte und erbat sich

Bedenkzeit. Doch Dönitz antwortete: „Sie müssen sich sofort entscheiden! Ich kann Ihnen höchstens zwei Stunden Bedenkzeit geben!" Sofort war im Flensburger Hauptquartier nach diesem Telefongespräch der Verdacht aufgetaucht, dass Himmler SS-Truppen zusammenziehen und einen Handstreich gegen die Dönitz-Regierung planen könne. Zum Schutz gegen eine solche Möglichkeit ordnete Dönitz die Sicherung seiner Amtsräume mit zuverlässigen Heerestruppen an. Dann erging eine neue Anfrage an Himmler, der über die Abwehrmaßnamen in Flensburg gegen einen möglichen Putsch unterrichtet worden war. Dieses Mal antwortete Himmler bejahend auf die Frage, ob er sich Dönitz unterordne. In der folgenden persönlichen Unterredung mit Himmler lehnte Schwerin von Krosigk als Dönitz' Außenminister das Ansinnen des „Reichsführers" zur Herbeiführung einer Unterredung Himmler-Eisenhower als indiskutabel ab. Trotz der Verhandlungen mit dem Präsidenten des Schwedischen Roten Kreuzes, Graf Bernadotte, seien die Führer der SS keine Verhandlungspartner für die Westmächte, die auch nur die geringste Aussicht hätten, ernst genommen zu werden, erklärte der Graf seinem schwer enttäuschten Gesprächspartner. Es sei ein Unterschied, ob man es mit den neutralen Schweden zu tun habe oder mit dem obersten Chef der siegreichen Westmächte, die die Repräsentanten des nationalsozialistischen Regimes und der Hitlerpartei als Gesprächspartner kategorisch ablehnten. „Zu spät! Sie hätten eher handeln müssen, Herr Reichsleiter."

Wie kam der „Schwarze Mann mit dem Kneifer", wie kam Heinrich Himmler, der höchste Herr der gefürchteten SS, zu der verwegen-romantischen Annahme, er könne der Verhandlungspartner eines Eisenhowers sein? Wie konnte er glauben, dass die

Westmächte seine SS-Divisionen als europäischen Ordnungsfaktor anerkennen würden? Der Schlüssel zur Enträtselung dieser seltsamen Imagination liegt in einer Reihe von geheimen Berichten, die dem obersten SS-Führer in den letzten Kriegsmonaten von seinen SD-Beobachtern im Ausland, namentlich aus Schweden und teilweise auch aus Portugal, zugegangen waren. Diese Berichte besagten, dass bestimmte angelsächsische Kreise im Gegensatz zu der offiziellen westlichen Politik des blinden Vertrauens auf die Loyalität der Sowjetrussen bei der Neuordnung Europas mit großer Sorge den kommunistischen Machtzuwachs nach der Ausschaltung Deutschlands entgegensahen. Jene „grüne Depeschen", in denen Himmlers Vertrauensleute ihre Auslandsinformationen an ihn weiterleiteten, hatten noch Anfang 1945 über solche Gedankengänge angeblich einflussreicher Kreise des westlichen Auslands berichtet. In einem dieser Berichte war auch davon die Rede, dass allein die disziplinierten Divisionen der Waffen-SS die innere Ordnung gegen kommunistische Umsturzversuche aufrechthalten könnten. Die Erinnerung an die kommunistischen Unruhen und Aufstände nach dem Ersten Weltkrieg, als der Bolschewismus noch in den Anfängen steckte, hätten, so meldete man dem „Reichsführer", in diesen allerdings nicht näher bezeichneten Kreisen die Befürchtung aufkommen lassen, dass ein siegreiches Russland die Gelegenheit zu ähnlichen Vorstößen von innen heraus benötigen könnten. Obwohl diese Informationen wenig greifbar, kaum kontrollierbar und allzu vage erscheinen mussten, hafteten sie in Himmlers Hirn und beeinflussten in den Tagen der Katastrophe seine überreizte Vorstellungswelt. Einerseits schmeichelten sie ihm, andererseits stärkten sie seinen völlig irrealen Ehrgeiz, weltfremd, wie dieser Mann war, nach dem Beispiel der übrigen Nazi-Größen.

Und noch etwas kam hinzu. Ein Vorgang, über den eine Reihe von anderen Insassen dieses Internierungslagers Zeugnis ablegten und der möglicherweise auch zu dem naiven Kinderglauben des „Reichsführers" beigetragen haben mag. Im Sommer 1944 hatte der oberste SS-Chef durch einen Mittelsmann mit Vertretern des Weltjudentums Kontakt in aller Heimlichkeit aufgenommen. Er hatte den Standartenführer Becker in die Schweiz entsandt, wo dieser mit Beauftragten des „Joint" und der „Jewish Agency" zusammengetroffen war. Was hatten sich die Vertreter zweier so entgegengesetzter Organisationen, die in tödlicher Auseinandersetzung miteinander lagen, zu sagen? Die jüdischen Sprecher verhandelten mit Abgesandten Himmlers über die Aufhebung von Hitlers Judenvernichtungsbefehl und versprachen als Gegenleistung die Lieferung von Lastwagen und Kriegsgerät über einen neutralen Hafen an Deutschland. Nur eine Bedingung stellten sie: Das gelieferte Kriegsgerät dürfe nicht gegen die Westmächte, sondern müsse ausschließlich an der russischen Front Verwendung finden. Ohne schriftliche Fixierung wurden auf dieser Basis entsprechende Absprachen getroffen. Gleichsam als eine Vorleistung und eine Geste des „good will" ließ Himmler im September 1944 eine Gruppe von Juden, darunter den bekannten ungarischen Industriellen Weiß, über die Schweiz nach Portugal ausreisen. Sie durften sogar Devisen im Wert von 600.000 Dollar mitnehmen. Bis zum Februar 1945 folgten 3 bis 4 weitere jüdische Gruppen, die von Himmler die Erlaubnis zur Ausreise in die Schweiz erhalten hatten. Himmler tat noch ein Übriges. Im September 1944 gab er, ohne Hitler davon ausdrücklich zu unterrichten, den Befehl, die summarische Ausrottung einzustellen. Trotz der Freilassung verschiedener jüdischer Persönlichkeiten und ihrer freien Ausreise in das neutrale Ausland ist allerdings niemals eine Lieferung von Kriegsgeräten eingetroffen. Inzwischen war der alliierte Sprung über der Kanal geglückt. Eisenhower stand auf deutschem Boden, und der Zusammenbruch rückte immer näher. Die Frage ist offen, ob Himmler übertölpelt wurde oder ob er sich mit diesem ungewöhnlichen Entgegenkommen gegenüber dem „jüdischen Weltfeind" eine Plattform für Unterhandlungen nach Westen sichern wollte, ein Schritt, mit dem der „Reichsführer" im Sommer und Herbst 1944 immer wieder gespielt hat, den zu tun er aber nicht die Kraft fand. Jedenfalls hob der den Befehl, die Vernichtung der Juden rückgängig zu machen, nicht wieder auf. Es erscheint nicht abwegig, dass Himmler auch diese Episode mit der „Jewish Agency" als Anlass dazu genommen hat, sich der chimären Vorstellung hinzugeben, dass er selbst nach dem Zusammenbruch noch eine Figur abgeben könne, der man die Chance einer Unterredung mit Eisenhower einräumen würde.

Schwerin von Krosigk blendet zurück nach Flensburg-Mürvik, wo nach Himmlers kurzem Besuch die Dönitz-Regierung sich weiter bemüht, den Kontakt mit den Vertretern der westlichen Siegermächte nicht abreißen zu lassen. Es ist ein einziges Kommen und Gehen englischer, amerikanischer, deutscher Militärs, Zivilisten und Journalisten. Bald treffen auch russische Beauftragte ein, die zwar die Dönitz-Regierung vom ersten Tag ihres Bestehens an als verbrecherisch bezeichnet hatten und in ihrer Propaganda alle Register gegen sie zogen, die aber keineswegs darauf verzichteten, ihre Beobachter nach Flensburg zu entsenden. Die Anfänge einer solchen Entwicklung zeichneten sich jedenfalls in diesen fieberhaften Tagen der ersten Mai-Hälfte 1945 in Flensburg ab. Aber auch die Symptome einer anderen Entwicklung konnte man in diesen Tagen feststellen, nämlich das große Misstrauen und die ängstliche Neugier, mit der Angelsachsen und Sowjets sich damals bereits beobachteten, immer auf der Lauer, wer wohl auf der anderen Seite sich zu Dönitz und seinen Mitarbeitern begab, wie lange er mit den Deutschen verhandelte und was sie wohl miteinander ausgemacht haben könnten. Ging ein Mitglied der Dönitz-Regierung, etwa Speer oder Backe oder Schwerin von Krosigk, auf das Hausboot der Engländer oder Amerikaner, so verfolgten die Russen mit Stielaugen durch ihre Fenster den Weg der deutschen Minister. Ging ein deutscher Vertreter zu den Russen, so waren es die Angelsachsen, die von ihren Hausbooten aus durch die Bullaugen den Deutschen beobachteten, die Zeit seines Verweilens bei den Sowjets notierten und die Vorgänge genau beobachteten. Doch diese abwartende Zurückhaltung der Sieger dauerte nicht lange. Dönitz und seine Mitarbeiter mussten, je länger, desto mehr, die schmerzliche Erfahrung machen, dass der Ton der alliierten Offiziere von Tag zu Tag härter, befremdender, gebieterischer wurde. Der Großadmiral zeigte sich besonders beeindruckt durch die wachsenden Klagen der deutschen U-Boot-Offiziere und Mannschaften über die zunehmend rüde Behandlung durch die Engländer. Dies steigerte sich in einem Tempo und Ausmaß, dass Dönitz um eine Unterredung bei den britischen und amerikanischen Vertretern nachsuchte. Das Gesicht des Großadmirals war äußerst ernst, als er in feierlicher Form den Angelsachsen erklärte: „Meine Herren! Ich kenne nicht die Ziele der Westmächte gegenüber Deutschland. Wenn Sie aber Deutschland bolschewisieren wollen, dann ist Ihre Politik die einzig richtige. Noch sind die deutschen Menschen erschüttert über die grauenhaften Nachrichten, die aus Russland und den russisch besetzten Gebieten eintreffen. Aber das braucht nicht immer so zu sein. Der Damm kann leicht brechen!" Dönitz grüßte militärisch knapp und ging in sein Hauptquartier zurück.

Auf deutscher Seite spürte man nur zu deutlich die immer weniger verhüllte Ablehnung im Verkehrston der Siegermächte. Es war der deutschen Führung zur Kenntnis gelangt, dass man in internsten britisch-amerikanischen Beratungen unmittelbar nach dem 1. Mai und der ersten Kontaktaufnahme mit der Dönitz-Regierung die Möglichkeit einer Belassung der deutschen Exekutivorgane im Amt erhärtet hatte und die dringenden deutschen Argumente für eine solche Regelung, im Hinblick auf das deutsche Bestreben, möglichst viele deutsche Menschen vor den Russen zu bewahren, geprüft hatte. Bald darauf war aber in Flensburg bekannt geworden, dass kein anderer als der britische Außenminister Eden den Sowjets diese Informationen zugespielt hatte, um von vornherein eine weitere Diskussion der deutschen Gesichtspunkte zu hintertreiben. Moskau fing den von Eden zugeworfenen Ball auch prompt auf. Die sowjetische Presse begann ein verstärktes, unentwegtes Trommelfeuer gegen die Dönitz-Regierung und forderte mit deutlicher Adressierung an die Westmächte die Einhaltung der Jalta-Beschlüsse. So kam der zunächst nur von den anglo-amerikanischen Verbindungsmännern besprochene, und auch von Montgomery nicht unbedingt abgelehnte Plan einer möglichen Beibehaltung einer deutschen Zentralverwaltung zu Fall, ehe er offiziell dem Londoner Kabinett vorgelegt werden konnte. Die Engländer wollten sich wegen der Flensburg-Regierung nicht mit den Russen anlegen. Dönitz und seine Minister wurden auf dem Altar der guten englisch-russischen Beziehungen geopfert. Die Entscheidung war gefallen. Am 23. Mai wurde Dönitz zu den englisch-amerikanischen Booten gerufen und ihm eröffnet, dass er verhaftet und abgesetzt sei. Eine englische Panzerbrigade umstellte gleichzeitig das Haus der geschäftsführenden deutschen Regierung. Rauh und rüpelhaft drang ein Bataillon englischer Militärpolizei in die Räume ein.

„Gerade als ich meine tägliche Lagebesprechung beginnen wollte", erzählt Schwerin von Krosigk, „wurden die Türen aufgerissen. Herein brachen die britischen Militärpolizisten und schrien uns an, dass wir verhaftet seien. Verflogen war der letzte Rest ritterlicher Achtung vor den Besiegten." Wie Schwerverbrecher wurden die Minister der letzten deutschen Reichsregierung, die 24 Stunden vorher noch im Geiste gegenseitiger menschlicher Korrektheit mit den Offizieren der gleichen britischen Soldaten verhandelt hatten, jetzt gestoßen, geschlagen, gedemütigt. Die Hassinstinkte tobten sich aus. Die deutschen Minister und Staatssekretäre müssen sich völlig nackt ausziehen und dann mit dem Gesicht gegen die Wand und mit erhobenen Armen antreten. Ihre Kleider, Unterkleider und sämtliche Körperöffnungen werden nach Wertsachen und Diamanten untersucht. Alles, was sich an Wertsachen fand, wurde dabei von den britischen Soldaten mitgenommen. Dann mussten sich die Dönitz-Mitarbeiter wieder anziehen. Unter erneuten Stößen und Püffen wurden sie auf den Hof hinabgeführt. Hier wiederholt sich das würdelose Spiel. Zum zweiten Mal mussten sie sich bis auf die nackte Haut entkleiden, während eine Rotte von alliierten Journalisten die deutschen Minister skizziert, gefilmt und fotografiert hat. Einem Staatssekretär werden die Zähne eingeschlagen, und es wird ihm die höhnische Frage an den Kopf geworfen, ob er auch „Großadmiral" sei. Dann wird die Dönitz-Regierung auf Lastwagen geladen und unter Panzerbedeckung - sechs Panzer voraus, sechs

Panzer hinterher - zum Flugplatz gefahren, von dem sie nach Mohndorf in Luxemburg überführt wird.

Schwerin von Krosigk hat geendet. Ohne jeden Pathos hat der Außenminister des Großadmirals berichtet. Einfach Wort an Wort gesetzt in der Reihe seiner Erlebnisse, die eindringlich genug waren, um eine plastische Schau jener Flensburger Tage zu geben, mit deren abruptem Ende die eigentliche Spaltung Deutschlands beginnt. Die Grünjoppen erheben sich langsam, einer nach dem anderen, von den harten Holzsitzen, an die sie während dieser zweieinhalb Stunden gespannten Lauschen festgewachsen schienen. Einige bilden einen Kreis um den Exminister, um diese oder jene Frage zu stellen. Die anderen gehen nachdenklich in ihre Baracken zurück, vorbei an den polnischen Posten, um dem neuen Tag hinter Stacheldraht entgegen zu schlafen.

Rückblick

Der Russland-Krieg einschließlich Winterkämpfe 41/42

Die Pläne des deutschen Krieges gegen Russland wurden durch das OKH – durch den Chef des Generalstabes aufgestellt. Den Schwerpunkt bildeten Panzergruppen, die bei Beginn auf breitester Front von der Nordsee bis zum Schwarzen Meer angetreten waren. Mit Panzerverbänden vorausstürmend drang das deutsche Heer weit in die Tiefe Russlands ein. Das einkalkulierte, gelungene Überraschungsmoment trug wesentlich zur Erringung der Anfangserfolge bei. Zusammengefasste schnelle Verbände - wiederum Panzerverbände - schlugen die großen Kessel- und

Vernichtungsschlachten bei Byalistok/Minsk. Schlachten von einem Ausmaß der Vernichtung, wie sie erstmals in diesem Weltkrieg zu verzeichnen waren. Es folgten Schlag auf Schlag die weiteren Etappen, die Durchbrechung der Düna-Linie, die Kesselschlacht südlich des Ilmen-Sees bei den Waldai-Höhen, bis schließlich die Ukraine bis zum Dnjepr in Besitz genommen war. Hitler hatte schon Recht, wenn er später behauptete, dass diese Phase des Russland-Krieges wahrhaft den Namen „Blitz-Krieg" verdiente.

Es ging weiter: Die zur verzweifelten Gegenwehr angetretenen russischen Verbände wurden in der großen Abwehrschlacht bei Smolensk vernichtend geschlagen. Die Schlacht um Gomel, ebenfalls erfolgreich geschlagen, schließt die erste Etappe des deutschen Vorstoßes ab. Auf der gesamten Linie waren volle Erfolge errungen, große Gebietsteile waren besetzt, große feindliche Verbände vernichtet, und die Gefangenenzahlen erreichten fantastische Höhen. Während so das deutsche Heer und der deutsche Generalstab wiederum exakte und feinstens aufeinander abgestimmte Arbeit leisteten, die die Grundlage dieser Erfolge bildeten, nahmen die Dinge hinter den Kulissen einen verhängnisvollen Lauf: Von nun an beginnt Hitler, sich absolut in die militärische Führung einzuschalten. Während er sich bisher weise darauf beschränkt hatte, Entscheidungen über ihm vom Generalstab vorgelegte Pläne zu treffen, das heißt also, statt zu den ausgearbeiteten Plänen ja oder nein zu sagen, beginnt er jetzt selbst zu planen, sich als aktiver Feldherr zu betätigen, mit einem Wort also, die Führung selbst in die Hand zu nehmen und sich generalstabsmäßig zu betätigen. Eitelkeit und übersteigertes Selbstbewusstsein aufgrund der bisherigen Erfolge mögen die wahren Triebfedern dieses Handels gewesen sein. Denn bisher fehlte ihm jeder Anlass und Grund, seinen Generalstäblern, seinem Offizierskorps zu misstrauen. Eine der ersten Maßnahmen in diesem Sinne war Hitlers sogenannter Kommissar-Befehl, der anordnete, dass jeder russische Kommissar zu erschießen sei. Dieser Befehl wurde von einigen Oberbefehlshabern unter eigener Verantwortung nicht weitergegeben. Stellung dagegen genommen haben alle. Die militärischen Ereignisse bis Anfang September, die als erster Vorstoß gewertet werden können, hatten die deutschen Truppen bis an folgende Linie gebracht:

Unterlauf Dnjepr, Kiew, vorspringend in den Raum Dnjepr.

Ostwärts Gomel, Raum nördlich Roslaw, Ostwärts Smolensk, Raum Bjeloy, Frontlücke Wadai-Gebiet, Raum westlich Leningrad.

Hinter dieser Linie lag das angeschlagene russische Heer, aus dem die besonders betroffenen Truppenteile nach Osten zur Neuaufstellung zurückgeführt worden waren. Davor lag das völlig intakte deutsche Heer, bestens gerüstet und moralisch durch die errungenen Siege in Hochform.

Naturgemäß war nach dem ersten Vorstoß eine Atempause notwendig, denn ein Vorstoß kann nie uferlos weitergeführt werden. Die Truppe braucht Erholung zum neuen Kräftesammeln, eine sogenannte schöpferische Pause. Daneben muss der Nachschub neu organisiert werden. In der Beurteilung der Lage ergaben sich zu diesem Zeitpunkt zwei grundverschiedene Ansichten: Die politische Führung war der Meinung, dass bis zum Einbruch des Winters das russisch-bolschewistische System zusammengebrochen sei und dass somit die Masse der Truppen hinter der Front liegen könne, während nur noch geringe Teile des Heeres Frontaufgaben zu erledigen hätten. Die Ansicht namhafter Militärs war aber wesentlich anders. Sie hielten den russischen Gegner noch für gefährlich genug, um das deutsche Heer in stärkster Kampfbereitschaft zu halten. Dementsprechend gab das OKH seine Meinung bekannt, die dahin ging, unter allen Umständen von der Heeresgruppe Mitte aus eine Offensive auf Moskau zu starten und Moskau noch vor Einbruch des Winters in Besitz zu nehmen. Danach sollten dem Heer bis zum Frühjahr keine weiteren Aufgaben mehr gestellt werden. Die wichtigsten Gründe für diese Ansicht waren:

1. Moskau ist der Knotenpunkt des gesamten russischen Eisenbahnnetzes, ein Zentrum des russischen Wirtsschafts- und Kriegsnervensystems. Seine Wegnahme muss verheerende Folgen auf die russische Kriegsführung und Wirtschaft haben. Ein Blick auf eine russische Eisenbahnkarte genügt, um dies zu erkennen. Die Verschiebungsmöglichkeiten russischer Truppen würden bei einem Fall Moskaus auf ein Minimum zusammenschrumpfen.

2. Um Moskau haben sich, da die russische Heerführung seine strategische Schlüsselstellung kennt, die feindlichen Hauptstreitkräfte zu seiner Verteidigung versammelt. Der Russe muss um Moskau kämpfen, also muss er sich vor Moskau stellen. Eine siegreiche Schlacht um Moskau würde also gleichbedeutend sein mit der Vernichtung des Hauptteiles des russischen Heeres. So würden also andere Aufgaben ohne große Schwierigkeiten zu erledigen sein und wichtige Gebiete, wie die Ukraine, dem

deutschen Heer wie eine reife Frucht in den Schoß fallen.

3. Der Fall Moskaus würde nicht allein ein strategisch wichtiger Sieg sein, der große moralische, propagandistische Erfolg wäre nicht kleiner, wenn Moskau das Zentrum des Bolschewismus in deutschem Besitz sei.

4. Das deutsche Heer braucht im Winter Ruhe, große, weiträumige Operationen können nicht mehr unternommen werden. Moskau bedeutet örtlich keine großen Bewegungen des gesamten Heeres. Für die Winterversorgung und Ausrüstung des Heeres darf dies nicht mehr in Bewegung sein und Operationen durchführen. Es muss in einer starren Winterstellung liegen, damit Material und Kleidung gefahren werden kann und die Transportmittel nicht nur für Munition benötigt werden. Die Winterversorgung in starrer Front ist am zweckmäßigsten, denn in fester Stellung genügt beispielsweise ein Ofen in einem Bunker und ein Pelz, damit 8 Mann nicht erfrieren. Im Bewegungskrieg braucht man aber 8 Pelze.

Also: Das OKH sprach sich eindeutig für die Entscheidungsschlacht um Moskau aus und danach für eine Ruhe an der gesamten Front.

Neben diesem Plan der Entscheidungsschlacht um Moskau stellte das OKH noch eine zweite Möglichkeit des Handelns zur Debatte, ohne aber den solchen zu befürworten. Das war: Charkow zu erobern und die Schlacht um das gesamte ukrainische Industriegebiet zu schlagen. In einem solchen Falle hätte dann aber die Schlacht um Moskau zu unterbleiben und die Front ostwärts Smolensk in Ruhestellung bleiben müssen, da für beide Angriffe nicht genügend Kräfte vorhanden waren.

Diese Stellung des OKH war also eindeutig und klar, sie lautete: Entweder Schlacht um Moskau, ein Plan der vom militärischen Standpunkt unbedingt zu befürworten ist, oder aber Schlacht um das ukrainische Industriegebiet im Raum Charkow, ein Plan, der nur als Notbehelf angesehen werden kann. Nach der Schlacht um Moskau, aber gegebenenfalls nach der Schlacht um Charkow, Erstarren der Front und Winterruhe für die Truppen.

In diese Alternative hinein platzte die Entscheidung Hitlers: Unter allen Umständen Schlacht bei Kiew und um das Industriegebiet. Danach Stoß auf Moskau! Diese Entscheidung hat beim OKH fassungsloses Kopfschütteln ausgelöst, da sie vom militärischen Standpunkt aus untragbar war, denn für beide Operationen noch bevor Beginn der Schlammperiode und des Winters war das deutsche Heer nicht stark genug und auch durch die hinter ihm liegenden Strapazen zu abgekämpft. Der spätere Verlauf hat dann auch gezeigt, dass bei dieser Planung weder das gesamte Industriegebiet erobert, noch Moskau genommen werden konnte. Aber der Führer hat befohlen, und das deutsche Volk und mit ihm seine Generäle hatten zu folgen. Die Gedankengänge und die Argumente Hitlers, die ihn zu dieser Entscheidung veranlasst hatten, sehen in groben Zügen so aus:

Einmal stach ihm der sich durch den Frontverlauf anbietende Großerfolg in die Augen. Eine Skizze mit dem Frontverlauf längs des Dnjepr veranschaulicht deutlich, dass diese Frontlage geradezu zu einer Kesselschlacht aufforderte. Ferner sprach eine typische

Eigenschaft Hitlers bei dieser Entscheidung mit. Hitler war ein sogenannter Augenmensch. Das heißt, er musste Planungen deutlich gekennzeichnet vor sich sehen. Nicht umsonst wurden ihm Skizzen über Planungen in überdimensioniertem Maßstab vorgelegt. Das optische Bild der Lagenkarte der Ukraine aber bestach ihn und hat ihn als Nicht-Generalstäbler beeindruckt, da die Bevölkerung der Ukraine spionagemäßig bestens mitgearbeitet hatte, war die Lagenkarte hier nahezu vollständig. Die exakten Daten über Feindstärke, aufmarschierte Verbände und deren Lage usw. waren restlos vorhanden und eingetragen. Das beeindruckte Hitler ganz enorm. Im Gegensatz zu der Lagenkarte von Moskau, die infolge des Fehlens vieler Daten große Lücken aufwies.

So erhoffte Hitler also von der Schlacht um das Industriegebiet einen Großerfolg, da er sich anhand der Karte fast schon die mutmaßlichen Gefangenenzahlen ausrechnen konnte. Dass ihm bei einem Sieg in der Schlacht um Moskau wahrscheinlich noch mehr Gefangene in die Hand gefallen wären, bedachte er nicht weiter, denn das konnte er ja nicht von der Lagenkarte ablesen, da hier an vielen Stellen statt exakter Daten nur rote Fragezeichen standen. Hierdurch beeindruckt hat er mit Sicherheit eine zu starke Gefahr für die Südflanke gesehen für den Fall, dass die Schlacht um Moskau zuerst geschlagen werden sollte. Dann kam aber auch wieder sein alter Kardinalfehler des nichtgelernten Generalstäblers zum Durchbruch, dass er sich den Begriff der Feindbeurteilung nicht klarmachte. Somit sah er einfach nicht, dass für beide Absichten, Schlacht um das Industriegebiet und Schlacht um Moskau, die eigenen Kräfte nach menschlichem Ermessen nicht ausreichen konnten. Man kann unterstellen, dass Moskau bei sofortigem Beginn der Operation genommen worden wäre, wenn der Vorstoß mit allen Kräften erfolgt und der Plan Kiew fallen gelassen worden wäre. So aber hat sich der Generalstab dem Feldherrn Adolf Hitler zu beugen und beide Offensiven vorzubereiten, denn Hitler nahm mehr denn je seinen alten Standpunkt ein: „Ich verlange von meinen Generälen nicht, dass sie meine Befehle verstehen, sondern dass sie sie befolgen."

Wegen der beiden befohlenen Offensiven aber konnte kein Winternachschub gefahren werden, da Material und Munition und nochmals Munition herangeschafft werden mussten. Das rächte sich später sehr bitter. Der Ablauf der beiden Operationen steigerte sich zu dramatischen Höhepunkten. Die Offensive auf Kiew lief gut an. Das gesamte Industriegebiet konnte aber infolge Kräftemangels nicht erobert werden. Dann traten die deutschen Verbände der Heeresgruppe Mitte zum Stoß auf Moskau an. Auch hier gab es gute Anfangserfolge. Die nördlichen und südlichen Angriffsspitzen standen bereits hinter Moskau. Die nördliche Spitze hatte den von Moskau aus fließenden Kanal durchstoßen und befand sich im Raum östlich davon. Nordwestlich hatten sich vorgeprellte Angriffsspitzen Moskau bis auf wenige Kilometer genähert. Die südliche Gruppe hatte den Raum um Rjansau erreicht, stand also auch bereits östlich von Moskau. Aber bereits in dieser Phase begann der Kampf mit den Naturgewalten. Die Schlammperiode setzte ein, und bremste die laufende Offensive nach und nach ab, sodass die gesteckten Ziele nur in mühsamem Vormarsch erreicht worden waren. Dann setzte mit Macht der russische Winter ein, der in diesem Jahr ausgesprochen früh kam. So blieb die Offensive zuerst im Schlamm stecken. Die Frontbewegung erstarrte, die Panzer konnten weder rückwärts noch vorwärts. Jede Bewegung war unmöglich geworden. Das Heer blieb stecken. Nur hin und wieder bemühten sich größere Schlepper, Panzer und Geschütze aus dem Dreck zu ziehen, bis schließlich Panzer und Schlepper einfroren. Jetzt zeigte es sich, dass die vier Wochen Zeitverlust des Balkanfeldzuges ausschlaggebend waren. Vier Wochen, die jetzt bitter benötigt wurden.

In diese Bewegungslosigkeit der Front schlug der grausame russische Winter mit aller Härte hinein. Es begann sich zu rächen, dass für beide Operationen Munition herangefahren musste und Winter-Ausrüstung nicht herangekommen war. Der deutsche Soldat war der schneidenden Kälte schutzlos preisgegeben. An Versorgungsnachschub war nicht mehr zu denken. So erfror die Blüte der deutschen Jugend jämmerlich auf den weiten Feldern Russlands.

In dieser verzweifelten Lage des deutschen Heeres beginnt nun Hitler nicht etwa Fehler und falsche Entschlüsse einzusehen und die Konsequenzen zu ziehen. Im Gegenteil. Sein Starrsinn wird ausgeprägter, und sein Gesichtswinkel verengt sich. Trotzdem zu dieser Zeit klar erkannt wird, dass das Erreichen der planmäßig gesteckten Ziele ein Ding der Unmöglichkeit ist, bleibt Hitler bei diesen Zielen. Er befielt nicht das Zurückgehen auf vorbereitete Winterstellungen, sondern bleibt bei seinen Angriffsabsichten. Er gibt seinem sachlich nüchtern denkenden Generalstab auch nicht nachträglich Recht und fügt sich auch nicht dessen Vorschlägen, sondern wird wachsend misstrauischer. Auf der anderen Seite hat der Russe längst erkannt, dass für ihn eine Wende des Geschehens nur der Winter bringen kann.

Bei der Betrachtung der Lage vor und um Moskau Anfang Dezember kann von einem Frontverlauf nicht mehr die Rede sein. Es bestand hier keine Front mehr, es waren nur vorgestreckte Angriffsspitzen vorhanden. Auf die Flanke dieser Angriffsspitzen trifft nun der schwere russische Gegenstoß, der von einer im Raum Kalinin versammelten starken russischen Armeegruppe ausgeht. Durch die Lücken zwischen den deutschen Verbänden südlich von Moskau sickern laufend weitere russische Verbände, die im Gegenangriff auf Tula vorstoßen. Mit nachgeführten Kräften wird der Durchbruch erweitert. Die drehen nach Norden ab und stoßen mit ganzen Armeen auf Juchnow vor. So endet die erste Phase des Winters 1941/42 in Russland. So begann Adolf Hitlers Debut als Feldherr.

Während Gefahr drohte, dass die 4. Armee bei Moskau eingeschlossen werden würde, fasste OKW den in dieser Lage einzig möglichen Entschluss, die Linien zurückzunehmen, um so den russischen Stoß abzufangen und die Lage zu meistern. Die Befehle hierzu wurden von Brauchitsch, Halder und Bock unter eigener Verantwortung gegeben. Diese Befehle waren bereits in der Durchführung, der Tross ging bereits zurück. Ehe die Absatzbewegung aber vollständig zum Tragen kommt, wird sie von Hitler restlos widerrufen, widerrufen mit der Begründung, dass bei einem teilweisen Zurückgehen eine Winterkatastrophe zu befürchten sei! Als ob die Katastrophe nicht schon da war! Dabei war klar, dass die Truppe, die ja keine geschlosene Front bildete, in dieser Stellung nicht stehenbleiben konnte.

Hitlers Strafgericht über die Generäle ließ nicht lange auf sich warten: Bock wurde seines Postens enthoben, zugleich musste Brauchitsch als Oberbefehlshaber des Heeres gehen. Seine Stelle übernahm Hitler persönlich! Von jetzt an führte er nun alles - aber auch wirklich alles - persönlich. Er lässt den Unterführern kaum noch

Freiheiten. Das bedeutet eine gewisse Wende im Kriegsgeschehen. Damit ist Hitler nun alleine verantwortlich für die gesamten Führungsmaßnahmen. Auch für Maßnahmen, die im krassen Gegensatz zur bisherigen Führungstaktik stehen. Der erste „Führerbefehl" verbietet jede Absetzbewegung. Er lautet: „Kein Führer, kein Unterführer hat das Recht, an seiner Stelle den Befehl für einen Rückzug zu geben." Dieses Recht behielt sich von jetzt an Adolf Hitler persönlich vor. Das ergab aber unhaltbare Situationen, denn in hoffnungslosen Lagen, in denen Rückzug einfach das Gegebene war, wussten Kommandeure oft nicht, was sie tun sollten. Dem Befehl gemäß mussten sie sich und die ihnen anvertrauten Gruppen sinnlos vernichten lassen. Da sie aber als verantwortungsbewusste Führer über die ihnen anvertrauten Menschenleben oft entgegen dem Rückzugsbefehl handeln mussten, trug ihnen dies sofort die Ungnade Hitlers ein. Das aber entfernte Oberbefehlshaber und Offizierskorps immer mehr voneinander. Auf der einen Seite wuchs das Misstrauen, der Verdacht auf „Sabotage", auf der anderen Seite die Ablehnung, die Nichtachtung, der innere Widerstand. Zu dieser Zeit also nahm die Kluft zwischen Hitler und seinen Generälen immer größere Formen an, entfernten sich die Partner immer mehr voneinander.

Es muss nochmals ganz klar herausgestellt werden, dass hier das Zerwürfnis zwischen Hitler und seinen Generälen greifbare Formen annahm. Das Offizierskorps, die alten Militärs hielten Hitlers Befehle für dilettantisch, verantwortungslos und sinnlose Opfer kostend. Sie führten daher derartige Befehle nur mangelhaft oder gar nicht aus. Diese innere Einstellung musste natürlich bei Hitler, der von der Richtigkeit seiner Befehle fest überzeugt war, den Verdacht an

Sabotage aufkommen lassen. Dieses Zerwürfnis wirkte sich aber äußerst verhängnisvoll für das Kriegsgeschehen aus.

Es wirft ein bezeichnendes Schlaglicht auf dieses Verhältnis, wenn Hitlers Strafgericht über Befehlshaber der Heeresgruppe Mitte niederfällt, die gegen den Nicht-Rückzugsbefehl gehandelt hatten: Guderian wird seines Amtes enthoben, der Mann, den Hitler ein halbes Jahr später als Generalinspekteur der Panzerwaffen einsetzt. Hoeppner wird entlassen, das Recht zum Tragen der Uniform wird ihm abgesprochen. Trotzdem aber behielten die Oberbefehlshaber Recht, denn die Front musste unter dem russischen Druck weiter zurückweichen und konnte erst an einer Stelle wieder aufgefangen werden, die weit hinter der Linie lag, die vorher vom Generalstab als Auffanglinie für ein freiwilliges, planmäßiges Zurückgehen festgelegt war. Daneben hätte natürlich ein strategischer, freiwilliger Rückzug und der geordnete Aufbau einer neuen Stellung es der militärischen Führung erlaubt, das Gesetz des Handelns wieder an sich zu reißen. So aber blieb die Initiative weiter in russischer Hand. Aber über dem Spiel eines dilettantischen Feldherrn stehen die Qualitäten des deutschen Soldaten, der den grausamen Kampf gegen die Naturgewalten und gegen den Feind heroisch durchsteht. Auf freiem Feld, ohne die Möglichkeit, sich eingraben zu können, ohne Winterkleidung, hinter Schneewällen notdürftig geschützt, bringen schließlich die deutschen Soldaten die rollende russische Offensive zum Stehen. Sie festigen wieder eine Front, ohne dass nennenswerte Armeeteile eingeschlossen werden. Die Verluste sind grausam. Grausam die Erfrierungen.

Die für den Russland-Krieg im weiten Raum typische Art des Kampfes mit vorgeprellten Spitzenverbänden und die Unmöglichkeit eines geordneten Rückzugs, den ja der „Führer-Befehl" verboten hatte, schuf nun Russland eine Form der Kriegsführung, wie sie durch das Fehlen einer geschlossenen Front begünstigt wurde. Das ist der Partisanen-Krieg. Hinter den deutschen Linien waren einzelne russische Truppen unter General Below nach Westen vorgestoßen Nach Dichtung der deutschen Front etwa auf der Linie Shisdra, Juchnow, Rashew bildeten sich hinter dieser Front neue Linien, die häufig zu den unmöglichsten Situationen führten. Entlang von Bahnsträngen entstanden neue Fronten. Mit Partisanen besetzte Waldgebiete konnten als belagerte Kessel angesehen werden und so fort. Diese Erscheinungen brachten naturgemäß wesentliche Erschwernisse für die deutschen Truppen mit sich und störten den Nachschub empfindlich. Diese Situation nutzte die russische Heeresführung bewusst aus. Sie gründete eine regelrechte Partisanen-Armee, die den Franktireur-Krieg aufnimmt, Sabotage betreibt, den deutschen Nachschub zu unterbinden sucht, eben kurz gesagt, militärische Aufgaben hinter der deutschen Front durchführt.

Die deutschen Linien waren andererseits so dünn, dass zunächst gar nicht wirksam Front gegen die Partisanen-Armee gemacht werden konnte. So führten die Russen beispielsweise im Rücken der deutschen Front Einziehungen von Rekruten durch, brachten diese ungehindert durch die deutschen Linien in den Raum von Moskau, bildeten sie dort aus und bewaffneten sie, um sie dann wieder hinter die deutsche Front in das Partisanen-Gebiet zurückzuführen und dort kämpfen zu lassen. Von deutscher Seite war es daher ein Akt der Selbsterhaltung, die Partisanen mit allen Mittel zu bekämpfen, um die Front nicht zum Erliegen zu bringen. Wenn auch dieser Partisanen-Krieg der deutschen

Führung viel Schwierigkeiten gemacht hat, so gelang es ihr letzten Endes doch, hiermit fertig zu werden. Es gelang ihr, die Partisanen Verbände größtenteils zu vernichten und besonders den Raum ostwärts Smolensk aufzuräumen. Während der Zeit der Operationen im Raum Kiew und Moskau hatten sich am Südflügel der deutschen Front keine wesentlichen Ereignisse abgespielt. Im Süden war Rostow erreicht worden. Hier entstand durch den russischen Vormarsch im Abschnitt Mitte eine schwierige Lage. Der Oberbefehlshaber Kleist entschließt sich daher, die Rostow-Front um 30-40 Kilometer an den Minsk-Abschnitt zurückzunehmen.

Hitler tobt, als er die Meldung darüber erhält, und zwar Hunderte von Kilometern entfernt in seinem Hauptquartier in Ostpreußen. Im Flugzeug begibt er sich sofort zu Kleist, um den General zur Raison zu bringen. Nach Prüfung der Lage und nach Erklärungen von Sepp Dietrich, der gleichfalls den Befehl zum Rückzug aus hoffnungsloser Lage eigenmächtig gegeben hatte, muss Hitler die Maßnahmen von Kleist billigen. Er kehrt unverrichteter Dinge nach Ostpreußen zurück. In solch einer dilettantischen Form führt Adolf Hitler das deutsche Heer! Jedenfalls blieb es im Süden verhältnismäßig ruhig, wesentliche Änderungen der Lage stellten sich nicht ein.

So sah am Ende der verlustreichen Winterkämpfe in Russland der Frontverlauf folgendermaßen aus:

Schwarzes Meer - Minsk-Abschnitt - Raum nördlich Stalinow Raum ostwärts Markow - Raum ostwärts Briansk - westlich Judnow ostwärts Rschew - Frontlücke - Waldai-Gebiet - Ilmen-See - westlich Leningrad.

Das also war der Verlauf der Front nach dem ersten Winter in Russland. Diese Phase des Krieges kann gekennzeichnet werden durch gute Anfangserfolge, folgenschwere Rückschläge, falsche Führungsmaßnahmen und Kampf gegen die Naturgewalten. Was aber den Geist angeht, so hatten sich Oberbefehlshaber und militärisches Führerkorps weiter entfremdet, ein Umstand, der Hitler veranlasste, die Zügel noch straffer in die Hand zu nehmen.

Hitlers Leibarzt Dr. Morell

Gealtert, dickbäuchig, tiefe Ränder unter den Augen und dumpf vor sich hin brütend, liegt Hitlers Leibarzt auf seinem Bett. Auf der schwarzen Krankentafel steht in weißen Buchstaben: „Professor Dr. Theo Morell, Hypertonie, 62 Jahre." Wie ein alter Römer nach üppigem Mahle, so kauert sich schwerfällig Dr. Morell in die Kissen, das Haupt auf eine Hand gestützt. Das zerknitterte weiße Nachthemd gleicht einer römischen Toga. Wüsste man nicht, dass die Aufgeschwemmtheit des Körpers nicht vom Schwelgen kommt, sondern von den herzbelastenden Wasseransammlungen in den Beinen, so wäre das Bild vollkommen. Müde und apathisch stiert sein Blick vor sich hin, und dann und wann fährt seine aufgedunsene rechte Hand durch den weißen Spitzbart, der ihm in der Gefangenschaft gewachsen ist und der einen seltsamen Kontrast zu seinem runden Schädel abgibt. Sein rechtes Bein ist gelähmt. Er kann keinen Schritt alleine tun, und alle paar Tage muss eine Strophantinspritze sein müdes Herz hochpumpen. Hilflos, von allen verlassen, ein Wrack, ein Gefangener, der nicht einmal seine Körperpflege alleine besorgen kann, zählt der weißhaarige Arzt des

Diktators Adolf Hitler seine Tage. Den Jahren des Glanzes, der höchsten Erhebung in die unmittelbare und intime Nähe des deutschen Staatsoberhauptes ist mit dem Erlöschen des hitlerschen Glücksgestirns der jähe Sturz in die Tiefe des Ruins, die Verlassenheit und die Gefangenschaft gefolgt. Kein Wunder, dass durch diesen grobknochigen Schädel und durch dieses Gehirn zahlreiche Gedankenketten, Bilder aus vergangenen Tagen, Vergleiche, bittere Erkenntnis, schwere Enttäuschung, Selbstvorwürfe und die Furcht von dem, was noch kommt, was die Zukunft bringen wird, durcheinander wirbeln. Fällt ihm eine der neuen deutschen Zeitungen in die Hand, so verfinstert sich sein Blick. Soll die Diskussion um seine Person, die in Ärztekreisen, insbesondere von seinem Gegenspieler Dr. Karl Brand, dem früheren chirurgischen Begleitarzt Hitlers, entfacht wurde und die nun auch die geflissentlichen Artikelscheiber ergriffen hat, denn ewig weitergehen? „Der braune Scharlatan", so nennen ihn die Linkszeitungen und bezichtigen ihn, seine Stellung bei Hitler zur persönlichen Bereicherung ausgenutzt zu haben, und durch ein schlechtes, der Wehrmacht aufgezwungenes Läusepulver Millionen verdient und damit seine pharmazeutischen Fabriken in der Tschechoslowakei finanziert zu haben. Seine ärztlichen Feinde, seine Neider, die ihm die Vorzugsstellung bei dem Diktator nicht gönnten, ließen schon in den Tagen vor dem Zusammenbruch, bittere Worte der Kritik fallen, Hitler völlig falsch behandelt und ihn durch dauernde Spritzen in einen Zustand dumpf-verhängnisvoller Hybris versetzt zu haben. Dunkle Andeutungen, spitzfindige Bemerkungen umrahmen diese beißende Kritik, er, Morell, habe eine allzu sinistre Vorliebe für Injektionen gehabt. Was solche Injektionen bedeuten können, habe man ja bereits vor Jahren bei einem berühmten Säuberungsprozess einer fremden

Macht, dem führende Militärs zum Opfer gefallen seien, verfolgen können. Man lässt anklingen, Hitlers Leibarzt habe im Auftrag der gleichen fremden Macht Hitler ähnliche Drogen und Spritzen verabreicht, um seine geistige und körperlichen Frische, seinen Willen und seine Entschlusskraft zu lähmen. Was steckt hinter diesem Raunen, das, obwohl es einer ernsten Prüfung nicht standhält, auch von bekannten amerikanischen Zeitungen aufgegriffen wurde? Denn, warum sollte eine fremde Macht, wenn sie schon über seinen Leibarzt eine solche Möglichkeit der Beeinflussung von Hitlers Gesundheit gehabt hätte, nicht gleich zur tödlichen Dosierung gegriffen haben, um damit den Krieg radikal abzukürzen? Anders sind schon die entschiedener formulierten Vorwürfe aus früheren führenden Nazi-Kreisen, Dr. Morell habe durch seine übertriebene Spritzentherapie bewusst oder unbewusst die Arbeitskraft systematisch untergraben und so zu seiner geistigen Hysterie und Überspanntheit beigetragen. Die Stellung und Haltung Morells, seine Rolle als intimster Arzt Hitlers, ist jedoch durchaus nicht unumstritten. Seinen Kritikern gegenüber stehen andere gegenüber, die von seinem ärztlichen Können überzeugt sind, die auf seine Heilerfolge und die auf die eindrucksvolle Liste seiner Patienten aus der Vor-Hitler-Ära, angefangen von den Hohenzollern-Prinzen, den ausländischen Diplomaten, den amerikanischen Millionären, die jährlich seinetwegen nach Deutschland kamen, bis zu den Berliner Filmstars hinweisen. Seine Praxis auf dem Kurfürstendamm war die modernste und besteingerichteste von Berlin. Schon hier ist viel Gold durch Morells Hände geflossen, und es mag sein, dass daher ein Teil des Geldes stammt, mit dem er die Hamma-Werke in Hamburg einrichtete und später die Läusepulverfabrik in der Tschechoslowakei erwarb. Auf seine Honorare, die ihm für Hitlers ärztliche Betreuung zustanden, hat er Monate, einmal sogar anderthalb Jahre warten müssen.

Auf seinem Krankenbett kommt ihm alles zu Ohren, was draußen in dem Internierungslager, wo die führenden Mitglieder der Nazi-Partei, der SS und der anderen Nazi-Organisationen seit zwei Jahren in Gefangenschaft sitzen, kolportiert wird. In SS-Kreisen zürnt man ihm offen, seit selbst frühere Minister des Hitler-Kabinetts mit geheimnisvollem Gesichtsausdruck das Gerücht weitergaben, der kranke Professor habe Hitler den Interessen einer fremden Macht durch nervenlähmende Einspritzungen geopfert. So Exminister Graf von Krosigk im Internierungslager Ludwigsburg. Verbittert nimmt der 62jährige den Hass der einen, die Gleichgültigkeit der anderen zur Kenntnis. „Es ist ein schmerzliches Erkennen", spricht er langsam, mit stumpfer Monotonie, „dass man den Menschen, die sich Freunde nennen, im Grunde menschlich gar nichts gilt. Früher schwirrten sie um mich herum wie die Motten das Licht. Jetzt besucht mich keiner mehr. Sie brauchen mich nicht mehr, und ich bin so allein."

Es war der 2O. April 1945, des letzten Geburtstages, den Hitler erleben sollte, da ließ dieser Dr. Morell in seinen Arbeitsraum im Bunker der Reichskanzlei rufen. Draußen tobte die letzte große Schlacht des Zweiten Weltkrieges. Die russische Armee sandte tanzende Salven in das fast schon umstellte Häusermeer. Mit feurigen Flammenzeichen schrieb Mars das herannahende Ende des Zweiten Weltkrieges in diesem Jahrhundert in den Himmel. In Hitlers unterirdischem Bunker herrschte tiefernste Stimmung. Morell, der ebenfalls im Schutzraum der Reichskanzlei in einem kleinen Zimmer hauste, trat vor Hitler. Hinter ihm schloss die Ordonanz die Tür. Hitler und sein Arzt waren allein. Hitler zeigte völlige Beherrschung. „Mein lieber Morell", dunkel klang die Stimme, „ich habe Sie rufen lassen, um von Ihnen Abschied zu nehmen." Es entsteht eine kurze Pause, dann fährt Hitler fort: „Ich entbinde Sie ab sofort Ihrer vertraglichen und menschlichen Verpflichtungen gegenüber meiner Person. Ich danke Ihnen für Ihre langjährige Treue und befehle Ihnen, Berlin unverzüglich und solange es noch Zeit ist, zu verlassen." In einer plötzlichen Geste ergreift er Morells beide Hände und drückt sie. Dann sagt er noch einmal: „Ich danke Ihnen, lieber Morell." Aber das sind nicht Hitlers letzte Worte an seinen Leibarzt, der ihn fast zehn Jahre betreut und ihn überall hin begleitet hat. Morell stammelt einige Worte. Schlagartig durchzuckt es ihn, dass alle Hoffnung vernichtet ist, dass das Ende unmittelbar und unaufschiebbar vor der Tür steht. Als er sich wenden will, um in sein Bunkerloch zurückzukehren, legt sich plötzlich Hitlers Hand auf seine Schultern. Stehenbleibend blickt er Hitler an. Er sieht Falten der Bitterkeit um seinen Mund, in seinen Augen einen fanatischen, irrlichternen Glanz. Seine Stimme klingt rauh. Fast heiser, als er dem Arzt in dumpfer Abgehacktheit sagt: „Wenn Sie in den nächsten Tagen hören, dass ich tot bin, dann können Sie auf meinen Grabstein schreiben: Er starb am deutschen Generalstab!" Hitler wiederholt noch einmal kurz: „Er starb am deutschen Generalstab." Der bittere Kampf, das jahrelange zyklopische Ringen zwischen Hitler und seinen Generälen kommt in diesem lapidaren Satz, gleichsam noch in der Todesstunde dieses Mannes, vor dem Millionen gezittert haben und gegen den sich auch die fähigsten militärischen Köpfe Deutschlands trotz besserer Einsicht nicht durchsetzen konnten, noch einmal zum Ausdruck. Nur sein Leibarzt hat ihn gehört. Dieser steht unbeholfen da wie ein Kind. Er ist vielleicht der einzige, dem Hitler noch traut, weil er weiß, dass er völlig apolitisch ist, keinen politischen oder militärischen Ehrgeiz kennt, sondern sich lediglich um ärztliche Fragen kümmert. Darum gab der Diktator dem von dieser letzten Zwiesprache erschütterten Arzt sein letztes bitteres Urteil mit auf den Weg. Noch mit dem letzten Atemzug hauchte der große Demagoge, Adolf Hitler, seine tief verrannte Überzeugung aus, dass die Schuld, das Versagen, die Fehler ausschließlich in der Unzulänglichkeit und in dem Verrat seiner militärischen und politischen Mitarbeiter liege. Dieser Mann, der achtzig Millionen widerspruchslose Deutsche kommandierte und der die Welt in Schrecken versetzte, war von einer wahrhaft titanischen Besessenheit. Millionen zwang er unter seinen Willen, und dies nicht nur in den Stunden des Erfolges, sondern auch, und hier erst recht, in den schwarzen Stunden des Sterbens einer ganzen Nation, die er fanatisch bis in die tiefste Gruft des Abgrundes trieb.

Abseits des Scheinwerferlichts, abseits der Massenversammlungen und offiziellen Empfänge in Reichskanzlei und im Hauptquartier, wie sah dort das Leben des Massenhypnotiseurs aus? Sein Leibarzt gib darüber Aufschluss. Adolf Hitler pflegte lange zu schlafen. Auch in den Kriegsjahren, da er seine Tage im Hauptquartier verbrachte, stand der Diktator Deutschlands selten vor elf Uhr auf. Oft schlief er sogar bis zur Mittagsstunde, dafür ging er aber auch erst gegen Morgengrauen ins Bett. Nachmittags und nachts arbeitete Hitler. Eine Konferenz jagte die andere, eine Besprechung löste die folgende ab. Oft ließ er seine Tischgäste stundenlang warten, und es kam vor, dass sich das Essen um zwei bis drei Stunden verzögerte. Während des Krieges bei Adolf Hitler zum Essen eingeladen zu sein, war kein Privileg. Besonders nicht im Hauptquartier, denn der Tisch Hitlers wies keinerlei

Üppigkeiten auf. Im Führerhauptquartier war der Eintopf die Regel, denn Hitler legte insbesondere in den Kriegsjahren Wert darauf, nicht besser zu essen als das deutsche Volk. Von Görings Verschwendungssucht rückte er entschieden ab und sparte nie mit Worten heftiger Kritik, die zu einem gewissen Teil ebenfalls zu der wachsenden Spannung zwischen ihm und dem Luftwaffenchef beitrugen. Hitlers vegetarische Speisen wurden von einem besonders ausgebildeten Koch zubereitet. Hatte Hitler Gäste, so gab es eine besondere Bedienung mit Fleischgerichten und Wein für die Eingeladenen, Gemüseplatten und Tafelwasser für die Gastgeber. Kleinlich war Hitler nicht. Jeder, der an seiner Tafel saß, konnte sich bestellen, was sein Herz begehrte: Gebäck, Liköre, Weine und Champagner. Das Rauchen durfte man nicht übertreiben, damit sich der Raum nicht zu sehr mit Tabakqualm füllte, denn nichts hasste Hitler mehr, als eine rauchverstickte Atmosphäre. Hitler besaß geradezu eine Idiosynkrasie dagegen. Dies hing wohl mit den häufig eintretenden Erkrankungen seines Kehlkopfes zusammen und mit äußerst empfindlichen Schleimhäuten. Fast als chronisch könnte man diese Rachenentzündungen Hitlers bezeichnen. In den Jahren 1936, 1937 und 1938 kämpfte Hitler mit einem Kehlkopfkatarrh nach dem anderen. Sie traten in den Kriegsjahren zwar nicht mehr so häufig auf, ganz verließen sie ihn jedoch nie. Hitlers Kehlkopfleiden wurde auf seinen Befehl ebenso streng geheim gehalten, wie seine übrigen Krankheiten. Ein Wort darüber verlauten zu lassen, galt als Landesverrat höchsten Grades und zog unbarmherzig alle entsprechenden Konsequenzen nach sich. Mehr als einmal hatte Adolf Hitler seinem Arzt warnend erklärt: „Ihr Kopf haftet mir dafür, dass das deutsche Volk, vor allem aber das Ausland, nichts von meinen Krankheiten erfährt." In den letzten Monaten litt der deutsche Diktator in zunehmendem Maße an Corona Sklerose, einer Herzarterienverkalkung und -verengung, die ihm viel zu schaffen machte. Jetzt tat er keinen Schritt mehr, ohne seinen Leibarzt Dr. Morell in seiner Nähe zu haben. Er schenkte ihm trotz vielfacher Ränke und Intrigen, die gegen diesen gesponnen wurden, immer mehr Vertrauen. Traubenzuckerinjektionen pumpten Hitlers Herz immer wieder. Gewisse Zustände der Atemnot und Angst, gegen die Hitler vergeblich ankämpfte, machten die Einspritzungen unerlässlich. Im Hauptquartier, zu dessen ständigem Inventar selbstverständlich der Leibarzt gehörte, verabfolgte dieser seinem Chef regelmäßig alle zwei Tage, mitunter auch täglich, Traubenzuckerspritzen und dazwischen auch Strophantininjektionen, auf die der Diktator selbst dann, wenn sein Arzt abriet, bestand. Einmal, als Hitlers Arm wieder ein Ausschlag bedeckte, an Hautexzemen litt Hitler öfter, bat ihn sein Arzt, die Injektionen zu unterlassen. Als Antwort entblößte der Diktator den Unterarm, hielt diesen dem Arzt hin und herrschte ihn an: „Ich habe Ihnen gesagt, Sie sollen spritzen, also spritzen Sie!" Hitler war kein leichter Patient. Auch hier folgte er lieber seinen Intuitionen als dem Rat des Arztes und verlangte hartnäckig ihre Ausführung. Wäre Hitlers Ende, sein körperlicher und geistiger Verfall schneller und natürlicher gekommen ohne die Injektions-freudigkeit seines Arztes? Oder haben etwa Morells Injektionen Hitler erst zu seiner wilden Übersteigerung getrieben? Wer will darauf eine schlüssige Antwort geben? Sicher ist, dass Hitler kein gesunder Mensch war, wenigstens nicht in der letzten Dekade seines Lebens. „Etwas hatte er immer", enthüllte nach dem Zusammenbruch sein Arzt. Am rechten Bein trug Hitler zuletzt ständig einen Ausschlag mit sich herum, der durch toxische Stoffe von der Leber her entstanden war, denn auch Hitlers Leber war nicht völlig in Ordnung, sodass er öfter Anfälle von Gelbsucht bekam.

Wohl den schwersten Gelbsuchtsanfall erlitt er im Hauptquartier bei Bad Nauheim im September 1944 nach einem dramatischen Zusammenstoß mit Hermann Göring, dessen lautes Wortduell bis in alle Baracken des Hauptquartiers drang. Göring, alarmiert durch die rapid fortschreitende Verschlechterung der allgemeinen Kriegslage, hatte um eine persönliche Unterredung unter vier Augen mit dem Diktator nachgesucht. Hitler ließ ihn sofort zu sich rufen. Der Diktator empfing Göring eiskalt. Ein Blick in Görings Gesicht hatte ihn sofort dessen Absichten erraten lassen. Zögernd begann Göring die Unterredung. Er hatte erst wenige Worte gesprochen, da unterbrach ihn Hitler: „Worauf wollen Sie hinaus, Herr Reichsmarschall?" Einen Moment schwieg der Chef der deutschen Luftwaffe. Dann sagte er in rasch hervorstoßenden Sätzen, als fürchte er, nicht zu Ende zu kommen, hastig die Worte herausjagend und Hitler genau im Auge behaltend, was er sagen wollte: Der Führer habe sich in den letzten Monaten unter der Last der Kriegsgefahren überarbeitet. Er dürfe seine kostbare Gesundheit nicht weiter exponieren. Hitler sei krank. Er bedürfe der Ruhe und Erholung. Ganz ruhig hörte Hitler ihn an. Noch bricht der Sturm nicht los. Aber in den Augen des Diktators flackert ein irres Glimmen. Rasch fährt Göring fort, Hitlers Schweigen ausnutzend. Um seine Spann- und Arbeitskraft, seine Gesundheit zu schonen, sei es ratsam, wenn der Führer sich vorübergehend von den Staatsgeschäften und der Führung der Nation zurückziehe und ihm, Göring, während dieser Zeit die Aufgaben des Staatschefs übertrage. Göring erinnerte an eine interne und geheime Direktive Hitlers vor dem Beginn des Krieges, die ausdrücklich besagte, dass Göring im Falle, dass Hitler durch Krankheit oder sonstige Gründe temporär an der Ausübung der Staatsgeschäfte verhindert sei, Adolf Hitler vertreten sollte. Eine drückende und spannungsgeladene Pause folgt Görings Worten. In diesem Augenblick hätte man im Führerraum des Hauptquartiers eine Nadel zu Boden fallen hören. Wie ein lähmender Albdruck wirkt diese unheimliche Ruhe, mit der Hitler Göring angehört hat Es ist die Ruhe vor dem Sturm, vor der Tobsucht. Sie übersteigt kaum die Zeitdauer einer Minute, schon beginnt Hitler zu sprechen, zu antworten. Erst ruhig und beherrscht, dann heftiger, und zuletzt vibriert sein Organ in rasender Lautstärke rauh und heiser, dass es bis in den Ärzteraum des Hauptquartiers hinüberschallt. Alles, was sich seit Stalingrad an Ärger, an Bitterkeit und Kritik bezüglich des Reichsmarschalls in Hitlers Innern angesammelt hat, platzt jetzt heraus. Die lange aufgestaute Explosion ist da. Einen leidenschaftlichen Monolog der schonungslosen Anklage schleudert er Göring entgegen, gipfelnd in wütenden Anschuldigungen, Görings Größenwahn, seine Eitelkeit und Ruhmsucht wollte ihn, Hitler, beseitigen und seine Nachfolge übernehmen. Dann folgt in rascher Reihenfolge eine scharfe Kritik an der Person Goerings, angefangen von der allzu verschwendungssüchtigen und feudalen Hofhaltung in Görings „Karinhall", die dem schwer kämpfenden und Opfer bringenden deutschen Volk ein schlechtes Beispiel gäbe, bis zu der massiven und kompakten Anklage, durch das Versagen der Luftwaffe trotz ausdrücklicher Zusicherung des Gegenteils in die Hand Hitlers die Katastrophe von Stalingrad verschuldet zu haben. „Sie sagten mir, Sie schaffen das", tobt der Diktator, „und Sie haben es nicht geschafft, Sie sagten mir, unsere Luftwaffe schützt unsere Städte, und eine nach der anderen versinkt in Trümmern. Sie versprachen mir neue Jäger zu Hunderten und Tausenden. Wo sind sie, Göring, warum versagen Sie auch hier, warum versagt die Jäger-Produktion?" Der Orkan hat seinen Höhepunkt erreicht. Jedes Wort, das Hitler entgegenschleudert, ist im Bunker des Arztes zu hören. Er weiß, Hitler hat einen regelrechten Tobsuchtsanfall bekommen. Als Göring, bleich vor Zorn und abgekanzelt wie ein Schuljunge, doch unfähig, gegen den Diktator zu reagieren, das Hauptquartier verlässt, hat die Spannung zwischen beiden Männern den gefährlichen Kulminationspunkt erklommen. Adolf Hitler lässt den Arzt rufen. Der findet ihn wieder ruhig und beherrscht. Die äußeren Zeichen des Sturmes sind vorüber, seine Folgen jedoch nicht. Hitlers Gesicht erscheint verkrampft und von einer gelblichen ungesunden Farbe. Der Arzt stellt einen schweren Gelbsuchtsanfall fest. Als er Bettruhe verordnet, setzt dem Hitler, entgegen seiner sonstigen Gewohnheiten, keinen Widerstand entgegen. Schlapp und matt geht der Diktator ins Bett, um erst am Nachmittag des folgenden Tages wieder aufzustehen.

Morell erzählt weiter!

In Gesellschaft konnte Adolf Hitler sehr charmant sein. Besonders Damen gegenüber war er äußerst liebenswürdig, faszinierend und machte ihnen mitunter anmutige Komplimente. Wo Hitler war, beherrschte er stets die Szene. Und dies nicht nur bei Staatsempfängen, bei Banketten, bei der nächtlichen Teestunde am Kamin des Berghofes oder nachmittags im Teehaus auf dem Obersalzberg im privaten Kreis geladener Gäste. Auch bei den Konferenzen der Friedenszeit und den mehrfachen täglichen Lagebesprechungen im Hauptquartier, die sich oft bis tief in die Nacht hinzogen, war Hitler stets der Mittelpunkt. Zweifellos war dieser Mann, dem Deutschland zu Füßen lag, eine starke Persönlichkeit. Wie viele Politiker des In- und

Auslandes hat Hitler in seinen Bann gezogen? Und wie viele seiner Besucher, die sich vorgenommen hatten, Hitler fest und furchtlos gegenüberzutreten, verließen ihn nach einer solchen Aussprache besiegt und gebrochen. Bei den Tafelrunden in der Reichskanzlei, zu denen der Kanzler mitunter eine stattliche Anzahl Gäste versammelte, dominierte Hitler, wenn er sich nicht gerade nur mit seinem Tischnachbarn unterhielt, meistens das Gespräch. Sprach Hitler bei einer Teegesellschaft oder sonst wie über irgendein Thema, duldete er keinen Widerspruch, höchstens hin und wieder von Damen. Ebenso liebte er es, bei gesellschaftlichen Veranstaltungen oder auch bei anderen Anlässen nach politischen und militärischen Dingen befragt zu werden. Wer ihm wissentlich falsche Auskunft gab, ihn belog oder seine Befehle missachtete, wanderte unweigerlich ins Konzentrationslager. Am liebsten unterhielt sich Hitler über Architektur, Kunst, wissenschaftliche Fragen und Geschichte. Er bat regelmäßig seine allerengste Umgebung, darunter seinen Leibarzt, zur üblichen Teerunde in sein Privatquartier, die oft erst in den frühen Morgenstunden endete. Jedes Wort über den Krieg war in diesen Stunden verpönt. In zwanglosem Plaudern über seine Lieblingsthemen suchte Hitler für kurze Zeit Entspannung und Erholung. Hier sprach er von seinen künftigen architektonischen Plänen in Berlin, in München, Wien oder anderen Städten Deutschlands. Oder er dozierte ausführlich über die italienischen und holländischen Meister der Malerei. Schon in den Friedensjahren auf dem Obersalzberg pflegte er über seine Vorliebe für die Dinge der Architektur und Malerei zu sprechen. Dann war er am aufgeschlossensten und empfänglichsten, und der ehrgeizige, energische Kraftmensch Martin Bormann, Hitlers Stellvertreter als Chef der National-sozialistischen Partei, das „stiernackige Arbeitstier", wie ihn Hitlers Leibarzt aprostrophierte, versäumte es nie, sich in solchen Stunden in die Gunst seines „Meisters" einzuschleichen. Und dies ist Martin Bormann, wie die spätere Entwicklung zeigt, vollauf gelungen. Immer und überall war der Ehrgeizling und Fanatiker um den Führer herum, schirmte ihn vor jedem nicht besonders von Hitler angeordneten Kontakt ab. Eine Kreatur, die Hitler nie widersprach, die nur immer das tat, wollte und vertrat, was sein Chef für richtig hielt. So gewann Bormann bis zum bitteren Ende immer mehr Einfluss auf Hitler. Wie Hitler war Bormann ein Element des fanatischten und radikalsten Kurses in der Politik sowohl wie in der Kriegsführung. Und somit, obwohl er vom Militärischen ebenso wenig verstand wie Hitler, war er in dessen Umgebung einer der wichtigsten und gefährlichsten Gegenspieler der Generäle.

Hitlers Privatleben spielte sich, gemessen an seinem Rang und an seiner Stellung in bescheidenem Rahmen ab. Seine ganze Liebe hing am Berghof auf dem Obersalzberg. Hier verbrachte er seine Stunden der Muße und Ruhe. Hier war Hitler ganz privat. Nur sein Leibarzt weilte stets bei ihm. Hier spielte der Diktator, man mag es kaum glauben, mit seinen Schäferhunden, hier erfreute er sich an seinen Blumen, die stets seinen Wohnraum und Arbeitsraum zierten, hier lag er im Liegestuhl im Schatten der Sonne. Denn ein Sonnenmensch war Hitler nicht. Er ging ihr vielmehr aus dem Wege. Den Berghof hatte er ausdrücklich im Schatten bauen lassen. Der Diktator war von einem geradezu peinlichen Reinlichkeitsbedürfnis. Er kleidete sich elegant, aber einfach und unaufdringlich. Auch sein Schuhwerk war einfach. Er fiel nur durch solide und dicke Sohlen auf, denn Hitler besaß eine heftige Abneigung gegen kalte Füße, was wohl mit seiner Katarrh-Empfindlichkeit zusammenhing. Bat sein Arzt ihn, bei Erkältung einen Cognac zu trinken, so verzog er sein Gesicht, prustete sich wie ein Puter auf und sagte: „Sie wissen nicht, was Sie mir antun, wenn Sie mir einen Cognac verordnen." Oft lud Adolf Hitler seine engsten privaten Mitarbeiter zum Abendessen auf den Obersalzberg ein: seinen Leibarzt und dessen Frau, Bormann, seine Privatsekretärinnen, seinen Leibfotografen Hoffmann sowie seine frühere Angestellte, Eva Braun, und deren Schwester Greta. Schon lange vor Beginn des Krieges war Eva Braun ständiger Gast des Berghofes. Sie waltete hier wie die Dame des Hauses, und alle respektierten sie als eine solche. Eva Braun und Hitler duzten sich im Kreise der Freunde, doch legte sie nie eine plumpe Vertraulichkeit dem Führer gegenüber an den Tag. Der Diktator und seine Geliebte bewahrten nach außen hin eine gute Kameradschaft, und man erlebte nie, soweit man dies überhaupt beobachten konnte, eine Verstimmung zwischen ihnen. Eva Braun hatte auf dem Berghof ihr eigenes Zimmer, in das sie sich gegen elf Uhr abends zurückzuziehen pflegte. Hitler liebte es, mit Eva Braun am Kamin des großen Saales mit dem weitgespannten, überdimensionalen Fenster zu sitzen, das den Blick freigibt auf die herrlichen Bergmassive der Alpen, und Wagner-Musik zu hören. Morell hatte mit leiser, häufig stockender Stimme gesprochen. Zum Schluss sagte er: „Aber, nicht wahr, das veröffentlichen Sie bitte nicht alles. Damit will ich mir noch ein paar Groschen verdienen, wenn ich hier rauskomme." Aber dieser Wunschtraum erfüllte sich nicht.

Rückblick

Russland-Feldzug (einschließlich Winter 42/43)

Die Stabilisierung der Ostfront nach den Winterkämpfen 41/42 hielt sich den Sommer hindurch, sie hatte allerdings zwei wunde Punkte: Das waren die Partisanenkessel hinter der Front und die Frontlinie zwischen Rscheiv und Waldaigebiet. Wenn diese beiden Punkte auch keine akute Gefahr für das deutsche Heer bedeuteten, so machte ihnen der Teilring doch sehr stark zu schaffen.

Die Planungen auf deutscher Seite bestanden im Wesentlichen in der gänzlichen Besetzung der Krim, ferner Kertsch und Sewastopol. Diese Planung wurde auch durchgeführt. Ferner lag ein Vorschlag zur Debatte, der anscheinend von Halder stammte. Dieser schlug vor, überhaupt keine größeren Unternehmen durchzuführen, sondern die Zeit für die Schaffung von dringend benötigten Reserven zu nutzen. Demgegenüber stand der feste Entschluss Hitlers, die Krim gänzlich in deutschen Besitz zu bringen, darüber hinaus aber unbedingt aktiv zu werden und zu handeln. Wenn aber unbedingt gehandelt werden sollte, dann musste nach Ansicht des Generalstabes die bereits im vorigen Jahr geforderte und im Schlamm steckengebliebene Offensive auf Moskau durchgeführt werden. Die Motive, die zu dieser Schlacht um Moskau drängten, waren die gleichen wie im Vorjahr geblieben. Auf einen Nenner gebracht bedeuteten sie:

Mit Moskau wird das russische Rüstungs- und Transport-Zentrum ausgeschaltet.

In der Schlacht um Moskau werden die feindlichen Hauptstreitkräfte zerschlagen.

Der Fall Moskaus hat eine überragende moralische und propagandistische Wirkung.

In jedem Fall wandte sich der Generalstab gegen eine Offensive im Süden, allein schon, weil sich diese in die Weite des russischen Raumes verlieren konnte. Und der Russe verstand es nur allzu gut, diesen Raum als Waffe zu benutzen. Und wieder fiel eine unverständliche Entscheidung Adolf Hitlers, der befahl, die Südoffensive durchzuführen. Fremden Generalstablern aber fiel ein Stein vom Herzen, als Hitler sich für diese Südoffensive und nicht auf den Stoß auf Moskau entschied. Zweifellos war Hitler bei dieser Entscheidung von deutschen Wirtschaftlern beeinflusst worden, die das Südgebiet als lebenswichtig für die deutsche Ernährung und Industrie hinstellten. Die vernünftige Stimme des Generalstabes verhallte zu dieser Zeit schon am Ohr des Oberbefehlshabers, der aufgrund der Geschehnisse des vergangenen Winters, so wie er sie sah, dem Offizierskorps gegenüber immer misstrauischer wurde. War es da ein Wunder, dass die Ablehnung auf der anderen Seite immer deutlicher wurde, dass sie sich bereits in Hass und Verachtung umwandelte?

Bevor die Südoffensive antrat, waren starke russische Teile dadurch vernichtet worden, dass ein Durchbruch russischer Kräfte im Raum südlich von Charkow, mitten in den deutschen Anmarsch hineinlief. Dieser missglückte Durchbruchversuch endete mit der Vernichtung einer russischen Armee. Der Sieger aber war der inzwischen wieder eingesetzte Feldmarschall von Bock.

Dann lief die Südoffensive an. Aber wie der Generalstab vorausgesehen hatte, weicht der Russe aus, der Stoß geht in den leeren Raum, verliert sich in der Weite, ohne dass wesentliche russische Kräfte vernichtet werden konnten. Wie sagte doch der Generalstab: „Bei Moskau muss sich der Russe stellen, um Moskau muss der Russe kämpfen, also ist dort die Möglichkeit, die feindlichen Hauptstreitkräfte tödlich zu treffen. Entgegen den Gepflogenheiten der Kriegsführung war die Südoffensive nicht durch den Grundsatz „Getrennt marschieren und vereint schlagen", sondern etwa wie die fünf Finger der gespreizten rechten Hand. Der kleine Finger zeigte auf das Schwarze Meer, auf Tuapse, zwei weitere auf den Nordostrand des Kaukasus und entlang des Terek, wo Hitler träumte, den Russen das Öl abzuschneiden, denn das Fernziel war hier das Ölgebiet am Kaspischen Meer. Der Zeigefinger wies auf Stalingrad und der Daumen an den Don.

Gerade die Planung im Abschnitt Terek und Tuapse ist bezeichnend für die Formen, in die das Verhältnis zwischen Hitler und seinen Heerführern gekommen war. Der in diesem Abschnitt führende Feldmarschall List forderte, unbedingt zuerst den Stoß auf Tuapse zu unternehmen und dann entlang des Terek vorzustoßen. Oder auch umgekehrt. In keinem Falle aber beide Aktionen gleichzeitig, da hierfür seine Kräfte zu schwach sind. Starrsinnig besteht Hitler darauf, dass beide Offensiven zur gleichen Zeit gestartet werden. Ja, er schickt sogar Jodl zu List, um diesem seinen Befehl auszurichten. Jodl überzeugt sich aber an Ort und Stelle, dass List mit seiner Forderung Recht hat. Er kehrt zurück und meldet dies Adolf Hitler. Hitler aber vollführt einen Riesenkrach, er wirft Jodl Vertrauensbruch vor und spricht mit ihm lange Zeit kein einziges Wort mehr. Er beharrt auf seinem Standpunkt, beide Operationen gleichzeitig durchzuführen, und befiehlt dies erneut, mit dem Erfolg, dass weder Tuapse erreicht wird, noch der Stoß auf Terek wirksam wird. So also sah zu dieser Zeit die sachliche Abstimmung zwischen Oberbefehlshaber und seinen Heerführern aus.

Die Offensive im Süden lief, die Krim wurde erobert. Der Kräfteschwund des deutschen Heeres trat aber umso deutlicher in Erscheinung, je weiter und umfassender Hitler seine Aufgaben stellte. Er beabsichtigt mit Kräften, die aus der eroberten Krim frei wurden, Leningrad in Besitz zu nehmen. Als aber der Transport nach Norden lief, wurden diese Truppen dringend zur Abwehr russischer Kräfte und zur Schließung der Frontfläche im Waldai-Gebiet benötigt, aus dem heraus ein geplanter russischer Großangriff vereitelt wurde.

Während sich nun die Offensive im Süden im weiten Raum verlor, versuchte die russische Heerführung die Initiative weiter an sich zu reißen und startete im Abschnitt Mitte ihrerseits großangelegte Offensiven. Es kam zu Abwehrschlachten großen Ausmaßes, die für Deutschland erfolgreich verliefen.

Darüber verging der Sommer. Was aber war erreicht worden? Im Süden standen die deutschen Truppen in der Linie, wie sie mit Angriffsspitzen mit größeren Verbänden erreicht worden war. Im Kaukasus war der Vormarsch infolge der Unmöglichkeit des Nachschubs zum Stehen gekommen. Die Kolonnen die den Panzern das dringend benötigte Benzin bringen sollten, tankten sich unterwegs selbst auf, so groß war hier die Anmarschstrecke geworden. Im Abschnitt Mitte und Norden stand die Front da, wo sie nach Abschluss der Winterkämpfe des Vorjahres stabilisiert worden war. So ist also das Fazit der Sommerkämpfe, auf die Hitler so große Hoffnung gesetzt hatte, nicht allzu günstig. Nach menschlicher Voraussicht wäre es günstiger gewesen, wenn sich Hitler auf den Stoß auf Moskau konzentriert hätte. Als weiteres Fazit ist zu verbuchen, dass Halder, aufgrund von Gegensätzlichkeiten, abgesetzt wird und dass Bock aus den gleichen Gründen zum zweiten Mal geht. Der Verbrauch des Oberbefehlshabers an Generalfeldmarschallen wächst. Hitler wird in seiner Führung immer starrer, ja beinahe schon stur. Er führt von oben herab, bis zum kleinsten Verband, die eigene Entscheidungsgewalt der Kommandeure existiert praktisch nicht mehr. Die Folgen sind verheerend. Hierfür zwei Beispiele: Beim Angriff im Kaukasus war ein Korps in guter Stellung stehengeblieben. Der Korpsführer beantragt eine vorspringende Angriffsspitze von 7 Kilometern Tiefe zwecks Frontbegradigung zurückzunehmen, um die hier eingesetzten Divisionen als dringend benötigte Korpsreserve freizubekommen. Über diese Rücknahme von 7 Kilometern in Asien durfte er alleine nicht entscheiden, hierzu war die Genehmigung Hitlers aus seinem Hauptquartier notwendig. Einen Rückzugs- oder Rücknahme-Befehl zu erteilen, war weder einem kommandierenden General noch einem Oberbe-fehlshaber einer Armeetruppe gestattet. Als nach einer Woche der Ablehnungsbescheid aus dem Führer-Hauptquartier eintraf, war bereits die vorspringende Spitze durch russische Angriffe verloren, die Division durch Kampf nicht mehr freigeworden, sie fehlte als bitter notwendige Korps-Reserve in den nachfolgenden Kämpfen.

Oder: In einem anderen Korps war beabsichtigt, in einem Regimentsabschnitt eine Bataillionsspitze zurückzunehmen. Es wird im Führerhauptquartier um Erlaubnis gebeten. Hitler aber misstraute dem Korps-Kommandeur und lässt sich nach Ostpreußen erst die Stellungnahme des Bataillions-Kommandeurs schriftlich melden. Als dieser gleichfalls für eine

Zurücknahme eintritt, war die Genehmigung für den Rückzug bereits zu spät. Auch hier hatten die Ereignisse die Planung bereits überholt. Diese Beispiele ließen sich weiter fortführen, aber diese Tatsachen waren schon zur gewohnten Erscheinung geworden. Es liegt wohl auf der Hand, dass sie für eine bewegliche, elastische Führung der Truppe nicht gerade von Nutzen waren. Die Kommandeure waren nicht mehr in der Lage, die selbstverständlichsten Regelungen selbst zu treffen. Sollten sie bei einem ihnen so entgegengebrachten Misstrauen Vertrauen haben? Und so begann die Zeit, in der sich Hitler von Sabotageakten seiner Generäle bedroht fühlte und in der die Generäle immer weiter von ihm abwichen. In dieser Stimmung, in dieser Lage mussten schließlich Gedanken groß werden, wie sie am 20. Juli ihre Ausführung fanden, denn als bittere Folgeerscheinung handelte es sich ja letzten Endes nicht um eine Kränkung oder Zurückstellung des Offizierskorps, sondern um sinnlos vergossenes Blut deutscher Menschen, denn das starre Verbot des Zurückgehens hatte nicht etwa militärische Gewinne auf lange Sicht zur Folge, im Gegenteil, während ein elastisches Zurückgehen aus freiem Willen den Zug für neue, erfolgsversprechende Aktionen freigemacht hätte, führte das sture Stehenbleiben zu noch größeren Menschen- und Gebietsverlusten. Der nicht gelernte Oberbefehlshaber Adolf Hitler war aber von der laienhaften Vorstellung befangen, dass Rückzug gleichbedeutend mit einer beschämenden Niederlage sei. Nur so ist es zu verstehen, wenn er dem Chef des Generalstabes Zeitzler rundweg ablehnte, die im gesamten Kaukasus stehenden Spitzen vor Beginn des Winters zurückzunehmen und weiter zurück in strategisch und nachschubmäßig günstigere Stellung zu einer Front zu vereinigen. Später geht dann, wie jeder Offizier militärisch vorausgesehen hatte, die Front unter

Feinddruck und größeren Verlusten erheblich weiter zurück, als in der Planung des freiwilligen Absetzens vorgesehen war. So sah es um die Führung Adolf Hitlers aus.

Das Resultat der Sommerkämpfe 1941 war nicht gerade beglückend. Das russische Heer war an keiner Stelle entscheidend getroffen worden. Gegenüber dem Vorjahr war die Zahl der Gefangenen erheblich gesunken. Das deutsche Heer war durch die Zerreißproben erschöpft und abgekämpft, die Front durch den Vormarsch wesentlich verlängert. Bei Eintritt des Winters ergab sich folgender Frontverlauf, wenn überhaupt von einer Front gesprochen werden kann, denn einen geschlossenen Verlauf gab es nicht mehr, dazu fehlte es an Kräften. Es gab daher häufig Gebiete von hunderten von Metern, die einfach nicht besetzt waren. Der Frontverlauf sah also folgendermaßen aus: Nördlich Tuapse – Sicherung auf dem Kaukasus - Kräftegruppe am Terek - Raum um Stalingrad - dann entlang am Don-Flusslauf mit der rumänischen und ungarischen Armee bis Woronesh - Raum ostwärts Brjansk - westlich Juchnow - ostwärts Rschew – Waldai-Gebiet - Ilmensee - westlich Leningrad. Auf diese schwach besetzte und abgekämpfte Front fällt der zweite russische Winter und mit ihm das russische Heer ein, das nun seine Zeit zum entscheidenden Handeln wiedergekommen sieht.

Während die deutschen Truppen um Stalingrad kämpfen, bricht der Russe mit starken, neu herangeführten Kräften nordwärts und südwärts dieser heiß umkämpften Stadt durch die hier stehende rumänische Front und schließt die im Raum Stalingrad kämpfende 6. Armee ein. In dieser heiklen Lage fasst Adolf Hitler nicht den einzig möglichen Entschluss, die 6. Armee aus Stalingrad zurückzunehmen, sondern befiehlt, die Verbindung mit einigen herangeführten Panzer-Divisionen wiederherzustellen. Kurz darauf bricht aber die gesamte Verbündeten-Front von Woronesh bis zum Raum von Stalingrad im russischen Großangriff zusammen. Diese verbündeten Armeen sind dem russischen Gegner auch nicht im Entferntesten gewachsen, sie fangen sich nicht irgendwie und irgendwo auf, sondern lösen sich einfach vollständig auf. Es entsteht ein unvorstellbares Chaos, Bilder einer unvorstellbaren Demoralisierung rollen ab. Die verbündeten Soldaten kennen nur noch ein Ziel und das heißt: nach Hause, Schluss mit dem Krieg. Aufgelöst in vollster Unordnung fliehen die verbündeten Soldaten zurück. Das ist kein Trupp marschierender Soldaten mehr, das ist ein wahllos sich ergießender Flüchtlingsstrom. Die Waffen wurden weggeworfen, die Geschütze und schweren Fahrzeuge wurden einfach stehengelassen. Dort humpelt ein Soldat in zerfetzter Uniform, nichts weiter als ein Paar Schuhe um den Nacken geknotet. Dort kriecht ein anderer mit erfrorenen Unterarmen auf den Ellbogen rückwärts. Dort schreien Schwerverwundete laut um Hilfe. Alle kennen nur ein Ziel: nach Hause, nicht mehr kämpfen. Ab und zu stellt sich dem flutenden Flüchtlingsstrom ein deutscher Offizier mit vorgehaltener Maschinenpistole auf offener Straße entgegen. Die Verständigungssprache ist Französisch. „Sie können die Front nicht im Stich lassen, Ihr müsst Euch auffangen!" „Mais, Monsieur, nous sommes demoralisés", ist die Antwort, und links und rechts flutet am Deutschen der geteilte Strom, wie um eine Insel, weiter zurück. Er verebbt, versickert, die verbündeten Armeen sind einfach nicht mehr da. Das ist das Ende der verbündeten Front.

Außer einigen schwachen deutschen Reservetruppen steht praktisch zwischen Stalingrad und Woronesh kein

Soldat mehr. In diese Lücke ergießt sich nun der Russe mit seinen Armeen und gewinnt ohne nennenswerten Widerstand weit nach Westen Raum. Inzwischen sind die deutschen Panzerdivisionen, die die Verbindung mit Stalingrad herstellen sollten, bis auf 35 Kilometer an die eingeschlossene 6. Armee herangekommen. Dann geht es nicht mehr weiter.

In dieser Lage und angesichts der Katastrophe im Norden musste einfach der Entschluss gefasst werden, die Stalingrad-Armee zurückzunehmen. Es gab gar keine andere Lösung, um das sich zusammenballende Unwetter abzuwenden. Sämtliche militärischen Führer ohne Ausnahme fordern von Hitler auf das Ernsteste den Befehl zum Rückzug für die 6. Armee. Hitler ist unschlüssig. Rückzug ist für ihn gleichbedeutend mit Niederlage. Er spielt mit dem Gedanken, die Armee stehenzulassen, sie aus der Luft zu versorgen und die Verbindung mit ihr vielleicht im nächsten Jahr wiederherzustellen. Dabei ist jedem klar, es ist ein Ding der Unmöglichkeit, jedenfalls zu dieser Zeit, dass sich eine ganze Armee monatelang nur durch Luftversorgung halten kann. Immerhin soll diese Frage geprüft werden, und Jodl stellt dem Chef des Generalstabes Luftwaffe die konkrete Frage, ob es möglich ist, die Stalingrad-Armee aus der Luft zu versorgen. Der Chef des Generalstabes der Luftwaffe verneint dies und gibt seinen Bescheid schriftlich. In der entscheidenden Führer-Besprechung fordern nochmals sämtliche militärischen Führer die sofortige Zurücknahme der Stalingrad-Armee, die zu dieser Zeit noch möglich gewesen wäre. Sie flehen ihn an, sie fordern energisch die Zurücknahme, zumal ja der Chef des Generalstabes Luftwaffe die Unmöglichkeit der Luftversorgung bestätigt hatte. Hitler zögert. Dann wendet er sich an Göring als Oberbefehlshaber der Luftwaffe und fragt, ob es möglich sei, die Stalingrad-

Armee aus der Luft zu versorgen. Alle Augen hingen an Goering. Dann geschieht das Unglaubliche, Unfassbare: Göring bejaht. Damit ist der Entschluss Adolf Hitlers gefasst, er befiehlt, dass die Stalingrad-Armee stehen bleibt, und damit ist ihr Schicksal besiegelt. Damit ist aber vielleicht auch das Schicksal des Krieges besiegelt.

Es muss nochmals klar herausgestellt werden: Hitler hat den an sich schon unmöglichen und unverständlichen Entschluss, dass die Stalingrad-Armee stehenbleiben soll erst gefasst, als Göring die Möglichkeit der Versorgung aus der Luft einwandfrei bestätigt hatte. So kam es auch, dass auf die späteren persönlichen Vorwürfe, die man der Luftwaffe machte, wie sie nur hätten zusagen können, alle Offiziere geantwortet haben: „Wir haben nicht zugesagt, sondern Göring." Trotz dieser unverantwortlichen Zusage Görings ist es aber unverständlich und im höchsten Grade verantwortungslos, dass Hitler den entscheidenden Befehl zum Stehenbleiben gab. Von Görings Seite, und soweit musste Hitler Göring bereits kennen, mag Eigenliebe und der Wunsch, seine Luftwaffe in den Augen Hitlers groß herauszustellen, mitgesprochen haben. Hitler hatte aber die Verantwortung für Hunderttausende von Menschenleben, und das müsste bei ihm höher stehen als seine Auffassung vom Rückzug, der gleichbedeutend mit Niederlage sei, und als das Zugeben der Unerfüllbarkeit seiner Worte: „Stalingrad werden wir nehmen, darauf können Sie sich verlassen!" An Bemühungen der deutschen Luftwaffe, um die eingeschlossene Stalingrad-Armee zu versorgen, fehlte es nicht. Alle verfügbaren Maschinen wurden eingesetzt, um Munition und Proviant zu fliegen, ja, es wurden sogar Kampfverbände herangeholt, um die tägliche Menge von 630 Tonnen nach Stalingrad zu bringen. Aber wie der Generalstab vorausgesagt hatte, war dies eine Unmöglichkeit. Die für die Versorgung Stalingrads unermüdlich schaffende Luftwaffe erreichte wohl die einmalige Tageshöchstleistung von 4OO Tonnen, über einen Tagesdurchschnitt von 8O Tonnen kam sie aber nicht hinaus. 8O Tonnen! Nötig waren 63O Tonnen. Dann sank die Versorgungszahl laufend ab, denn die Bedingungen wurden immer ungünstiger. Das Flugwetter verschlechterte sich, russische Jagd-Abwehr wurde stärker, da sich die Front immer mehr entfernte, und schließlich standen im zusammenschrumpfenden Stalingrad-Kessel immer weniger Flugplätze zur Verfügung. So nahm das Drama von Stalingrad sein opfervolles Ende. Die heroisch in Stalingrad kämpfenden Truppen erliegen dem Versorgungsmangel, sterben im Feuer des anrennenden Gegners oder verhungern, nachdem die letzten Pferde aufgegessen waren. Sie sterben kämpfend, sie sterben auf Befehl Hitlers, der die sinnlose Entscheidung getroffen hatte, dass die Stalingrad-Armee nicht zurückgehen darf. Mit Mann, Ross und Wagen ging eine ganze Armee unter. 34O.OOO Mann mit voller Rüstung, Panzern und Geschützen waren verloren. 68O „Ju´s" gingen bei dem vergeblichen Versuch der Luftversorgung verloren, und 41.OOO Verwundete waren aus Stalingrad von der Luftwaffe herausgeflogen worden. Der Verlust von 34O.OOO Mann oder 22-24 Divisionen kampferprobter, bestens ausgerüsteter und bis dahin völlig intakter Truppen musste natürlich zur Wende des Krieges beitragen und hat dies auch getan, umso mehr als ja auch inzwischen die verbündeten italienischen, rumänischen und ungarischen Armeen durch Selbstauflösung ausgefallen sind.

So wird Stalingrad zur Wende des Krieges. Auch wenn Goebbels nun das gelähmte deutsche Volk aus seiner Erstarrung durch den Aufruf zum „Totalen Krieg" herausführen will, um eine positive Wendung des Krieges herbeizuführen. Goebbels hatte ja bereits seine Erfahrung, verlorene Schlachten dem Volk schmackhaft zu machen, denn nach den Verlusten des ersten russischen Winters war er es, der versuchte, das deutsche Volk aus seinem passiven Schrecken durch die „Pelz-Aktion" zum positiven Helfen herauszureißen. Ebenso wie die Winter-Kleidung-Sammlung nichts am Lauf der Dinge ändern konnte, so hielt die Verkündigung des totalen Krieges nicht die Wende des Krieges auf. Die Truppe aber nahm das Sterben von Stalingrad zum Anlass, Hitler die Sinnlosigkeit seiner militärischen Führung vor Augen zu halten. Als einer der letzten Offiziere flog General Jännicke aus dem Kessel und überbringt Hitler das Vermächtnis derer von Stalingrad. Er überbringt die erschütternden Meldungen vom Sterben und Verhungern, von den unzähligen Opfern einer ganzen Armee mit der Schlussfolgerung, dass Tod und Opfer dieser Armee noch Sinn hätten, wenn Hitler hieraus die Konsequenzen zöge und von nun an die militärische Führung seinen Generälen überlassen würde. Hitler ist zunächst von diesem Vermächtnis tief beeindruckt und sagt selbst, dass dies eine Wende im ganzen Krieg bringen könne. Später aber vergisst er dies und denkt nicht mehr daran, die militärische Führung aus der Hand zu geben. Tod und Opfer kommen auf das Schuldkonto eines einzigen Mannes und der heißt Adolf Hitler.

Die Kluft zwischen Oberbefehlshaber und Offizierskorps wird jedoch immer größer. Hitler sieht sich von Verrat umgeben und sucht schon im Offizierskorps den Sündenbock. Das Offizierskorps sieht sich in die Lage der römischen Gladiatoren gedrängt, die sterben müssen mit dem Ruf: „Ave, Cäsar morituri te sulatant!"

Durch das Stalingrad-Drama war die Lage an der Front verzweifelt geworden. Der Fortfall der verbündeten Armeen und das Fehlen der 6. Armee ermöglichten es den Russen, weit nach Westen vorzudringen. Er erreicht mit einer Stoßgruppe den Raum nordwestlich von Stalino, mit einer weiteren den Raum Angepropetrowsk. Die deutschen Kaukasus-Kräfte werden zur Abriegelung des russischen Stoßes in den Raum Stalino verlegt und in übermenschlichen Anstrengungen gelingt es ihnen, den russischen Vorstoß zu zerschlagen und eine Front zu bilden. Im Gegensatz zu dieser Stabilisierung der Front, droht im Süden durch den russischen Vormarsch auf Angepropetrowsk die Gefahr der Einkesselung der gesamten südlichen Heeresgruppe, denn der Russe rückt fast ohne zu kämpfen vor. In dieser Lage gibt Hitler General Manstein, der die südliche Heeresgruppe befehligt, völlig freie Hand zum Handeln. Dieser Entschluss ist offenbar noch unter der Einwirkung des Vermächtnisses von Stalingrad zustande gekommen. Manstein räumt zunächst den Raum Charkow und bildet eine neue deutsche Stoßgruppe. Mit dieser Stoßgruppe zerschlägt er die sich anbahnende russische Umfassung, vernichtet namhafte russische Kräfte, gewinnt den Raum um Charkow zurück und stellt im Süden, im großen gesehen, einen Frontverlauf wieder her, der dem des vorangegangenen Winters entspricht. Eine derartige operative Führungsfreigabe, wie an Manstein in der Heeresgruppe Süd, die endlich eine Freizügigkeit in der militärischen Führung brachte und ja auch von einem großen Erfolg begleitet war, ist aber nicht mehr vorgekommen. Im Gegenteil, Hitler nimmt die Führung nur noch fester in die Hand. Manstein sagte selbst: „Über alle Maßnahmen kann man nur schreiben: „zu spät!" So endet der zweite Winter in Russland.

Russland-Feldzug Winter 43/44

Die Kräftebilanz nach diesem entscheidenden Abschnitt des Russlandkrieges sieht für Deutschland alles andere als rosig aus. Zunächst einmal ist die Front ungeheuer verlängert worden. Bei dieser Frontverlängerung aber machen sich die deutschen Verluste in hinterster Front deutlich bemerkbar. Darin kann der deutsche Ersatz dem russischen in keiner Weise die Waage halten. Während Deutschland aus einem waffenfähig gewordenen Jahrgang schätzungsweise 400.000 - 500.000 Soldaten herausziehen kann, stellt Russland etwa 1,3 Millionen Mann auf die Beine. Zwar arbeitet die deutsche Rüstungsindustrie mit Hochdruck, aber auch die russische stößt Panzer um Panzer, Geschütz um Geschütz aus, und hinzu kommen noch die Lieferungen aus Amerika. Ferner fehlt im deutschen Heer nicht allein die Stalingrad-Armee, denn auch die drei verbündeten Armeen sind ausgefallen. Schließlich führt Deutschland nicht allein gegen die Russen Krieg, auch Norwegen, Frankreich benötigen deutsche Soldaten und deutsches Kriegsmaterial. Russland kann seine geballte Kraft auf den deutschen Gegner konzentrieren. So ergibt sich für Deutschland kräftemäßig im Vergleich zum Vorjahr eine sehr ernste Lage, die sich nun auch bis zum Kriegsende auswirkt. Von jetzt an gibt es für das deutsche Heer nur noch ganz wenige Reserven. Die deutschen Divisionen stehen ohne Reserve an der Front.

Im Ersten Weltkrieg war es noch so, dass hinter jeder Truppe örtliche Reserven standen und der Turnus: Front, Bereitschaft, Ruhe den Soldaten, Zeit zum Ausruhen und neue Kräfte fassen. Davon gibt es im Russland-Krieg nichts mehr. Laufend wurden zwar einige Urlauber aus der Fronttruppe herausgenommen, das Heer aber steht ununterbrochen im Kampf. Das ergibt eine ungeheure

Belastung eines jeden Einzelnen und eine Auszehrung der deutschen Verbände. Dazu waren von deutscher Seite noch zwei Kardinalfehler gemacht worden, die aber typisch für die Hausmachtpolitik in Hitlers 3. Reich sind. Das war die Aufstellung der Luftwaffen-Felddivisionen und der SS-Divisionen. Die deutsche Luftwaffe war zu dieser Zeit ohne Zweifel personalmäßig übersetzt, sie hatte viel zu viele Menschen. Es wurde also der vernünftige Entschluss gefasst, dieses überzählige Personal in die bestehenden kampferfahrenen Verbände des Heeres einzugliedern, denn das Luftwaffenpersonal kannte ja keine Erdkämpfe, war nicht in die Kampfweise des Heeres erprobt. Das gelingt aber nicht. Die Eitelkeit, die Eigenliebe und der politische Ehrgeiz Hermann Goerings sind die unüberbrückbaren Hindernisse. „Wenn ich schon Divisionen aus der Luftwaffe abgeben soll", so forderte Göring, „dann sollen es auch meine eigenen Divisionen sein!" Göring setzt sich mit seinem Standpunkt durch, und es entstehen seine eigenen Luftwaffen-Felddivisionen. Divisionen, die für einen infanteristischen Einsatz in keiner Weise geschult sind und sich nicht an die Erfahrung und Erprobung geschulter Soldaten und Offiziere anlehnen können. Dabei handelt es sich bei den Luftwaffen-Felddivisionen um bestes Personal, das materialmäßig hervorragend ausgestattet ist. Führungsmäßig hat es aber keine kampferprobten und kampferfahrenen Offiziere und Unterführer. Die besten unter ihnen hat Goering noch dazu für die Luftwaffe behalten. Das alles muss sich beim Kampfeinsatz rächen, und es rächt sich auch: Die Luftwaffen-Felddivisionen haben nur einen bescheidenen Kampfwert, sie büßen ungeheuere Mengen an Geräten ein, und nur wenigen Divisionen gelingt es mit der Zeit, sich nach Erringen von Kampferfahrung unter großen Verlusten zu bewähren. Die meisten Divisionen wurden wieder aufgelöst. Das alles war vom Chef des Generalstabes vorausgesehen und vorausgesagt worden, und er hatte daher von vornherein die Eingliederung des überzähligen Luftwaffenpersonals in die bestehenden Verbände des Heeres gefordert. Aber wieder einmal umsonst. So musste die Sache hinterher wieder einmal bezahlt werden, und zwar auf der Herbeischaffung von Menschen, denn die Dinge gestalteten sich im Osten immer kritischer. Zu diesem Fehler der Luftwaffen-Felddivisionen kam der Fehler der Aufstellung von SS-Divisionen, von denen es zu dieser Zeit etwa 36 gab. Die SS-Divisionen stellten den gegebenen Nachschub für Unterführer dar. Sie kamen jedoch hier nicht zum Einsatz. Es ist eine alte Erfahrung, dass ein guter Unteroffizier mit 1O durchschnittlich mäßigen Männern das Gleiche imstande ist zu leisten, wie ein guter Unteroffizier mit gleich guten Männern. So aber lagen Tausende von guten Männern als Schützen, als Tross, als Büropersonal brach, die das Zeug zu guten, zu den dringend benötigten Unterführern in sich hatten. Die Fähigkeiten der SS-Männer werden also nicht ausgenützt. Für die Bewertung einer Kräftebilanz ist aber nicht allein der Stand von Soldaten und Material entscheidend, in hohem, ausschlaggebendem Maße spricht hier auch die militärische Führung mit. Diese liegt einzig und allein in den Händen Adolf Hitlers. Seine ausschließliche Führung, die den Generalstab zu rein ausführenden Organen degradiert hat, ist im Laufe der Zeit noch starrer und sturer geworden. Er zieht aus dem Vergangenen keine Konsequenzen, er will mit dem Kopf durch die Wand. Wenn er bisher Misserfolge über Misserfolge seiner militärischen Führung verbuchen musste, wieso sieht er darin nicht sein eigenes Verschulden? Nein, er unterstützt eine Handvoll rückgradloser Berater, die eine Opposition seines Generalstabes sind. Das macht er sich nicht nur vor, daran glaubt er, das ist seine Überzeugung. Und nun zieht ein Mann seines Charakters die für ihn einzige mögliche Konsequenz: Der Generalstab muss sich beugen, der Generalstab muss schärfstens überwacht werden. Ob er auch wirklich alle gegebenen Befehle ausführt, oder nicht etwa, um ihn zu stürzen, Sabotage betreibt. Auf der anderen Seite kann der Generalstab aus vernünftigen Erwägungen die Führungsmaßnahmen Hitlers einfach nicht billigen, geschweige denn freudigen Herzens unterstützen. Und so verstärkt sich die Kluft zwischen beiden immer mehr.

Hinzu kommt, dass die primitivsten Grundsätze der Kriegsführung von Adolf Hitler nicht verstanden werden. Er versteht einfach nicht, dass man aus einer notwendigen Frontzurücknahme großen Nutzen ziehen kann, indem man die Zurücklegung aus eigener Initiative durchführt und damit Zeit, Ort und Art des Kampfes selbst bestimmt. Als Propagandist sieht er in einem Rückzug etwas Schändliches, ebenso, wie er in einer Kapitulation, und sei sie noch so sinnvoll, immer etwas Schändliches sieht. Dies tritt besonders krass zutage, wenn die Aufgabe größerer Städte ansteht, also von Städten, die in breiten Kreisen der Bevölkerung bekannt sind. Zu einem solchen Entschluss ringt er sich nie durch. Das würde gegen seine ureigene Auffassung von Kampf stehen. Auf einem anderen Blatt steht natürlich, ob solche Befehle, größere Städte, koste es was es wolle, unter allen Umständen zu halten, nicht militärischen Wahnsinn bedeuten und mit der Auffassung von der Herrlichkeit der Menschenleben nichts mehr zu tun haben. Große Schichten der Truppen hatten diese Art des Haltens von Städten bis zum letzten Mann klar erkannt und zogen nun ihrerseits nach praktischer Landserart die Konsequenz: Beim Zurückgehen mieden sie größere Städte, da dort die

Gefahr bestand, sie bis zum letzten Mann sinnlos verteidigen zu müssen. Und so vollzogen sich deutsche Rückzüge, wenn es nur irgendwie ging, in weitem Bogen um größere Städte. Darin witterte Hitler nun seinerseits wieder Sabotage und Resistenz sein Offizierskorps. Im Endeffekt führte Hitlers Scheu vor dem freiwilligen Rückzug immer dazu, dass er sich vom Feind in diese Lage zwingen ließ, und so blieb die Initiative immer beim Gegner. So etwa sah es beim deutschen Heer aus, als die verlustreichen Kämpfe des Winters 42/43 beendet waren.

Im Rahmen des Vorgehens der Russen im Süden geht die deutsche Front am Schwarzen Meer laufend zurück. Dadurch drohen die Engen zur Krim abgeschnitten zu werden, und das würde bedeuten, dass die 17. Armee auf der Krim eingekesselt wird. Feldmarschall von Kleist erkennt klar die Gefahr und schlägt Hitler die rechtzeitige Zurückführung der 17. deutschen Armee aus der Krim vor, um ihre Einkesselung zu verhindern. Hitler ordnet jedoch an, die Front zum Halten zu bringen, damit die Krim nicht abgeschnitten wird. Als nun aber trotzdem die Front mangels Reserven bricht und man den russischen Vormarsch nicht aufhalten kann, entschließt sich von Kleist, der die Südgruppe führte, die Räumung der Krim durchzuführen und gibt unter eigener Verantwortung den entsprechenden Befehl. Dieser Befehl ist kaum zur Kenntnis Hitlers gelangt, als er ihn sofort rückgängig macht und befiehlt, die Krim unter allen Umständen zu halten. Nach einer erneuten Verschärfung der Lage befiehlt der Oberbefehlshaber der 17. Armee wiederum von sich aus die Räumung der Krim. Hitler macht, als ihm dies wiederum gemeldet wird, auch diesen Befehl rückgängig und beordert General Seimiche der 17. Armee zu sich ins Hauptquartier. Hier legt Seimiche die vom militärischen Standpunkt aus zwecklose und aussichtslose Verteidigung der Krim dar. Mit neuen Weisungen Adolf Hitlers fliegt er zu seiner Armee zurück und findet bei der Landung seine Entlassung vor. Die Krim aber wird eingeschlossen, genauso wie Stalingrad auch eingeschlossen wurde. Die Beweggründe, die Hitler veranlassten, die Krim unter allen Umständen zu halten, hat er klar zu verstehen gegeben. Sie waren rein politischer Art. Sie sollten in erster Linie den rumänischen Bundesgenossen körperlich und moralisch stützen. Das Gegenargument, dass der rumänische Bundesgenosse so oder so abfallen würde, beantwortete Hitler mit dem Ausdruck seiner Überzeugung, dass Antonescu treu wäre. In diesem Fall hatten beide Recht. Antonescu war treu, aber er wurde von den Rumänen gestürzt, und Rumänien fiel ab. In der kritischen Lage der Krim-Armee ergeht der schriftliche Befehl Hitlers: Die Krim wird gehalten. Die Generäle der 17. eingeschlossenen Armee von deutschen Verbänden sind entsetzt. Dabei ist es jedem Militär klar, dass diese Verbände nie dazu kommen werden, einen Durchstoß zu machen, dass sie vielmehr dringender benötigt werden, um die schwer belastete Front an Krisenpunkten zu entlasten. Und wieder wird Hitler von allen Militärs bestürmt, die Krim-Armee herauszunehmen, da sonst ihr Untergang sicher sei. Hitler bleibt stur bei seinem Entschluss, und folgemäßig geht jetzt auch diese Armee zugrunde, gehen 9 Divisionen, davon 4 Divisionen bester rumänischer Kerntruppen, sang und klanglos mit Mann und Ausrüstung, mit Panzern und Material, mit Versorgungsdepots und Kampfeinrichtungen verloren. Das war die Zeit, in der Speer in seinem Bericht über die deutsche Rüstungsproduktion der deutschen Rüstungsindustrie sagte, dass sein bester Abnehmer der Russe sei. Die deutschen Frauen und Mütter aber können mit Recht sagen, dass die größten Opfer ihrer Söhne und Männer nicht Russland, sondern dem Moloch Adolf Hitler gebracht wurden.

So also musste Anfang 1944 eine zweite Armee, völlig intakt und bestens ausgerüstet, abgeschrieben werden, denn nur wenige Tausend Mann konnten mit Schiffen von Sewastopol nach Odessa herausgeholt werden. Ihre Waffen brachten sie allerdings nicht mehr mit. Die Tatsache, dass von nun an zwei volle Armeen im Osten fehlen, bleibt auf die weitere Kriegsführung nicht ohne verhängnisvolle Folgen. Ihre Aufopferung ist ein Verbrechen, das von einem dilettantischen Oberbefehlshaber begangen wurde, und zwar ein Verbrechen nicht nur im Hinblick auf die ihm anvertrauten Menschenleben, sondern auch auf die Kriegsführung ganz allgemein. Mit derartigen laienhaften Vorstellungen von den Begriffen der Strategie und der militärischen Operationen muss über kurz oder lang auch das beste Heer zugrunde gerichtet werden, muss ein Krieg unweigerlich verloren gehen, wenn nur ein einigermaßen militärisch geschulter Gegner vorhanden ist. Hitler hatte aber eine ganze Welt mit ihren bestens ausgerüsteten Truppen zum Gegner, die von kühl und sachlich denkenden Generälen geführt wurden. Sein Wort, dass er es mit militärischen Idioten, mit Nullen zu tun habe, zeigt ganz krass die Überheblichkeit, mit der er den Krieg führte. Dieser Gegner führte seine Planungen sachlich und elastisch durch. Wie Hitler sich im Fall Krim den weiteren Fortgang der Dinge gedacht hatte, geht daraus hervor, dass er beim Rückzug die Eisenbahnstrecken nicht abreißen ließ, da er hoffte, einmal wiederzukommen, um dann unzerstörte Eisenbahnlinien in der Hand zu haben. Er stand nicht fest mit beiden Beinen in der Wirklichkeit, sondern ließ sich sein Handeln durch Wunschträume diktieren. Er plante auch den Bau einer phantastischen Brücke über das „Faule Meer", um den Kuban-Brückenkopf zu halten, als dessen Besitz bereits militärisch wertlos geworden war. Befehlsmäßig wurden riesige Mengen Beton und Eisenkonstruktionen angefahren, die dann den Russen in die Hände fielen. Das ist kein Kriegführen mehr, das ist ein Kriegspielen, ein Spielen, das dem Volk unzählige Opfer kostet. Es ist also in Ordnung, wenn sich der deutsche Generalstab daher mit Wort und Tat gegen seine unsinnigen Befehle wendet. Man kann aber dem deutschen Generalstab den schweren Vorwurf nicht ersparen, dass er die Mittel, die ihm zu Gebote standen, um die verhängnisvollen Auswirkungen der Hitlerschen Kriegsführung auszuschalten, nicht voll genutzt hat. Der Generalstab und darüber hinaus jeder führende Offizier ist ebenso wie Hitler selbst ein Treuhänder über die Menschen gewesen, die ihnen das deutsche Volk anvertraut hat. Jeder Generalstäbler und verant-wortungsbewusste Offizier, der Einblick in die Dinge hatte, sah zu dieser Zeit ganz klar, wie Hitler sinnlos Tausende von Menschenleben opferte, wie er den Gewinn des Krieges und damit das Leben eines ganzen Volkes leichtfertig aufs Spiel setzte. Stalingrad oder zumindest die Krim hätten ihnen die Augen öffnen müssen. Sie hätten auch erkennen müssen, dass vernünftiges Überzeugen und sachliche Vorstellungen kein geeignetes Mittel waren, um Hitler auf vernünftige Bahnen zu bringen. Sie hätten erkennen müssen, dass mit einem derart verkrampften militärischen Führer, dessen Gesichtskreis sich immer mehr einengte, eine andere Sprache gesprochen werden muss. Wenn sie mit ihrem Gewissen die Ausführung sinnloser Befehlen nicht mehr vereinen konnten, dann gab es keinen anderen Weg als abzudanken. Das haben allerdings nur sehr wenige getan. Sie haben im blinden Gehorsam gegen ihre innerste Überzeugung, gegen ihr Gewissen,

Blutbefehle vollstreckt, Blutbefehle wie sie nur ein Wahnsinniger geben konnte. Man komme auch nicht mit der Entschuldigung, dass dann die Folgen noch grausamer gewesen wären. Ein höherer deutscher Offizier durfte derartige Folgen nicht fürchten. Er wusste ja, dass viele Hitler-Befehle Tausende von Soldaten in einen sinnlosen Tod schickten. Also durften sie selbst den Tod nicht fürchten. Es wäre eine bessere Haltung gewesen, wenn der Generalstab sich verweigert hätte. Wenn er klar und fest Hitler gegenüber bekundet hätte: Wir machen ein derartiges unverantwortliches Spiel mit dem Leben unserer Soldaten nicht mehr mit. Wir sehen in Adolf Hitler den Schuldigen für verlorene Schlachten, für verlorene Menschenleben und für ein verlorenes deutsches Volk. Wir können es mit unserer Ehre und unserem Gewissen nicht mehr vereinbaren, einem solchen Manne weiter Handlanger zu sein, wir machen nicht mehr mit, wir gehen, komme was da wolle. Warum hat der deutsche Generalstab diese Worte nicht gefunden? Vielleicht wären dann Adolf Hitler oder zumindest dem deutschen Volk die Augen geöffnet worden. Man spricht so gerne von fehlender „Zivilcourage" des deutschen Volkes, sah es denn mit der Courage der führenden Militärs anders aus? Es fehlte doch nicht an einem Vorbild. Seimiche bekundete in seinem Entlassungsprotokoll: „Ich wünsche zu Protokoll zu geben, dass ich mich geweigert habe, irgendwelche Kriegsabenteuer zu billigen. Die sture Ausführung sinnloser Befehle hat mit dem unbedingten Gehorsam des Soldaten, mit Treue und Fahneneid nichts mehr zu tun. Das ist Kadavergehorsam in verderblichster Form." War man von der Aussichtslosigkeit einer derartigen Kriegsführung, wie sie Hitler an den Tag legte, überzeugt, dann musste Hitler eben ausgeschaltet werden. Ein Versuch ist am 2O. Juli gemacht worden. Er war aber in seiner Ausführung zu dilettantisch. Es spricht allerdings für die Geistesverfassung dieser Handvoll Männer, die klar erkannt hatten, um was es ging und wo des Übels Wurzel lag. Es ist viel gesagt worden, dass ein gelungener 2O. Juli gleichbedeutend mit einem Brudermord geworden wäre. Das mag stimmen, es mag auch stimmen, dass mancher Offizier in dieser Zeit einen erbitterten Kampf zwischen Gewissen und seiner Pflicht führte. Und es mag auch sein, dass sich viele für die Pflicht entschieden haben, weil sie im anderen Falle ein Chaos in Deutschland fürchteten, denn Hitler war nun einmal der Motor des deutschen Volkes, von ihm ging der Impuls aus, der Rüstung und Heimatfront zusammenhielt. War dieser Motor nicht mehr vorhanden, dann würde wahrscheinlich die Heimat und ebenso die Front zusammenbrechen. So aber muss festgehalten werden, dass der deutsche Generalstab und die überwiegende Mehrzahl der Offiziere nicht andere Konsequenzen aus Hitlers Kriegsführung gezogen haben, als im höchsten Falle zu protestieren.

Der entscheidende, verhängnisvolle Fehler Hitlers, die Taktik des unbedingten Stehenbleibens, die Ablehnung jeden Rückzuges zu befolgen, setzt sich im Laufe des Russland-Krieges fort. Daraus resultierend nimmt die deutsche Front unter dem Druck des russischen Vordringens immer neue Gestalt an. Es bilden sich Igel-stellungen, wenn es sich um größere Verbände handelt, Kessel hinter den feindlichen Linien. Hitler sieht nicht ein, dass solche Kessel vom Feind erledigt werden können. Er kann sie mit schwachen Kräften umsäumen und stehen lassen, so lange es ihm gefällt, er kann sie aber auch mit überlegenen Kräften liquidieren. Wie gesagt, das steht ganz in seinem Ermessen, welche Truppenmengen er einsetzen will. Falsch ist dagegen die Ansicht, von der Adolf Hitler ausging, dass derartige

Kessel größere feindliche Streitkräfte auf lange Zeit binden müssen. Falsch ist auch seine Ansicht, dass es günstiger ist, wenn eine Stellung bis zum letzten Mann verteidigt wird. So spielen Kinder Krieg. Frontbegradigungen - im Wege des Absetzens erreicht - bringen dem Verteidiger meist Vorteile. Handelt es sich beispielsweise um ein Gelände, das rechts und links von Bergen flankiert wird und das nach rückwärts schmaler wird, dann ist es natürlich das Gegebene, nicht die lange vordere Front zu halten, sondern die kürzere hintere Linie zu beziehen. Man verteidigt auch besser eine Tür als die Wand eines Raumes. Zudem ist hier die Verteidigungslinie mit weniger Kräften und sogar nur mit Reserven zu halten. Aber dies wollte Adolf Hitler nicht einsehen, Dinge, die ein Offizier im ersten Jahr auf der Akademie lernt. Unter diesen Fehlern deutscherseits nimmt der Russland-Krieg seinen Fortgang. In schweren Winterkämpfen weitet der Russe, der die deutschen Fehler klar erkennt, seine Brückenköpfe weiter aus und dringt immer weiter vor. Der russische Druck wird stärker und stärker. Da gelingt es als glaubhafte Ausnahme dem Chef des Generalstabes, Model-Ecke, die Front, die weit vorgestaffelt war, auf eine Linie ostwärts freiwillig zurückgehen zu lassen. Diese bemerkenswerte Tatsache ereignete sich im März 1945. Inzwischen hat sich aber zwischen Charkow und Kursk ein etwa 1O Kilometer vorspringender Frontbogen der Russen gebildet. Im Sommer 1943 beabsichtigt die deutsche Führung, diesen Frontbogen durch Vorstoß auf seine beiden Flanken abzuschneiden und so einen Kessel zu bilden. Trotz intensiver und klar durchdachter Vorarbeiten gelingt dies den deutschen Truppen aber nicht mehr. Die russischen Truppen sind zu stark, die deutschen Truppen zu schwach und abgekämpft. Das Kräfteverhältnis ist nun eindeutig zu Gunsten der Russen umgeschlagen. Jetzt rächen sich die Verluste von

Stalingrad und der Krim. Das deutsche Ost-Heer ist kräftemäßig nicht mehr in der Lage, Operationen großen Stils erfolgreich durchzuführen. Zu diesem Stand hat es die Führungstrategie eines Hitlers gebracht. Dieses fehlgeschlagene Unternehmen versinnbildlicht deutlich und plastisch, dass die große Wende im Russland-Krieg eingetreten ist. Und nun tritt im Anschluss an dieses fehlgeschlagene Unternehmen das russische Heer überall an der gesamten Südfront zum Großangriff an und bricht an mehreren Stellen gleichzeitig durch.

In dieser heiklen Lage gibt es nur eine Möglichkeit, das Heft in der Hand zu behalten, und das ist, bis an den strategisch günstigen Dnjepr zurückzugehen. Durch seine natürliche Lage mit flachem Ostufer, breitem Flusslauf und steilem Westufer eignet sich der Dnjepr in hohem Maße für eine Auffangstellung, ja, er scheint für eine wirksame Verteidigungsfront geradezu ideal zu sein. Aber Adolf Hitler hat sich wieder einmal in seine sturen Grundsätze verrannt. Er gibt nicht nach, er erteilt nicht den Befehl zum Rückzug. Und so gelingt es Manstein nicht, rechtzeitig freizukommen und sich freiwillig auf diese Linie zurückzuziehen. Nur so kann das kaum glaubhafte Geschehen, dass der Russe mit Stoßtruppen vor den Deutschen über den Dnjepr setzt und dort starke Brückenköpfe bildet. Diese werden taktisch richtig ausgeweitet und bilden die Voraussetzung für den Übergang starker russischer Kräfte und somit einen weiteren tiefen Vormarsch.

Somit ist die taktisch bedeutende Djepr-Stellung überhaupt nicht zur Verteidigungsstellung geworden. Sie ist es nicht geworden, weil Hitler durch sein militärisches Unverständnis, die Russen geradezu an die Reichsgrenze heranholte. An der Ostfront folgten nun russische Großangriffe und Durchbruchsversuche

Schlag auf Schlag. Es ging eigentlich schon jetzt unaufhaltsam dem Ende entgegen. Die Folge ist, dass die deutsche Front durch den gewaltigen russischen Druck schwer belastet wird und schließlich bricht. Die russischen Verbände stoßen durch, und so ist Rumänien doch abgeschnitten.

Inzwischen hatte vor Witebsk und weiter südlich ein starker Aufmarsch russischer Truppen stattgefunden, der auf eine Großoffensive schließen ließ. Diese rollte auch programmgemäß an und stieß auf eine deutsche Front, die von den deutschen Soldaten nicht gehalten werden konnte. Auch hier stößt der Russe massiv durch und erzielt einen tiefen Einbruch, der praktisch bis an die Grenze Ostpreußens geht. Auch an dieser Stelle hatte Hitler unbedingtes Stehenbleiben befohlen und das Heranbringen von Verstärkung angeordnet. Als einziger Ersatz war aber nur eine einzige Tiger-Panzer-Abteilung herangekommen, die das Verhängnis natürlich nicht aufhalten konnte. Truppen, die von der Südfront herangeführt werden sollten, lagen in den entscheidenden Augenblicken wieder auf der Eisenbahn und fehlten dann im Süden, als es dort losging. Als nach dem schnellen Vormarsch der Russen endlich der Befehl erteilt wird, unter Einsatz aller Zivilisten eine befestigte Weichsel-Stellung zu bauen, standen die Russen bereits 15O Kilometer vor dieser Linie. Die alte Tragik der Maßnahmen Hitlers lautete wieder einmal: Zu spät! Neben den sturen Führungsmaßnahmen machte sich in zunehmenden Maße ein Durcheinander in der Organisation der Kriegsführung bemerkbar. Diese Organisation war mit Fehlern behaftet, die sich zwar bei einem reibungslosen Verlauf des Krieges nicht stärker ausgewirkt hätten, die aber jetzt, in diesem Stadium, als improvisiert werden musste, als schnelle Entscheid-ungen notwendig waren, hemmend zum Durchbruch kamen. So bestanden zwei voneinander unabhängige Instanzen, nämlich das Führer-Hauptquartier, der Generalstab für den Krieg im Osten, und der Wehrmachtsführungsstab für die anderen Kriegsschauplätze. Für diese beiden Instanzen war Hitlers Person der einzige Faktor der Vereinigung. Hier kommt also das alte Prinzip Hitlers zum Durchbruch, untergeordnete Organe so wenig wie möglich voneinander wissenzulassen und die Fäden in der Spitze allein in der Hand zu haben. Der Generalstab hat wiederholt um eine zweckmäßige Umorganisation gebeten, mit dem Ziel, eine größere Schlagkraft und Elastizität zu erzielen. Stets vergebens! Hitler gab seine Einstellung nicht auf und duldete neben sich keine gleichberechtigten Partner. Er lehnte daher den Plan des Generalstabes zur Schaffung eines einheitlichen Planungsbüros und einer gemeinsamen Operationsabteilung für alle Kriegsschauplätze ab.

Zu dieser fehlerhaften Organisation kam nun in immer größerem Maße der Einfluss von Nicht-Militärs und Parteigrößen auf die Entscheidungen Hitlers. Die Ratschläge von dieser Seite waren natürlich nie nach militärischen Gesichtspunkten fundiert, sondern basierten eindeutig auf dem Bestreben, sich beim „Großen Adolf Hitler" Liebkind zu machen, Widersacher auszuschalten und selbst immer mehr Einfluss zu gewinnen. Nur so können die Rollen Bormanns, Fegele usw. gewertet werden. Bei dem Zusammenwirken von fehlerhafter Organisation und starkem Einfluss von Laien auf die Kriegsführung kann es einfach gar nicht ausbleiben, dass das Heer durch Fehlschläge über Fehlschläge bis an den Rand des Abgrundes getrieben wird.

Internierungslager

Sie liegen zusammen in einem Zimmer. In dieser kahlen schwarz-grauen Krankenhausbaracke am Ende des Internierungslagers in Ludwigsburg. In diesen dünnen Spitalwänden gibt es ein paar Kalorien mehr als in den übrigen Behausungen des „Stacheldraht-Zirkus". Hier liegen Hitlers langjähriger Leibchauffeur, Kempka, und Hitlers fast ebenso langjähriger Leibarzt, Professor Theo Morell. Manchmal, wenn die Zahl der Erkrankten unerwartet ansteigt, kommt noch ein „dritter Mann" in diese kleine Stube hinzu. So etwa der spätere Hauptangeklagte im Industrieprozess, das Vorstandsmitglied der I. G., Georg Schnitzler. Er ist der einzige von den Zimmerinsassen, der das Bett verlassen kann. So stakt er, in seinem ausgefransten grün-bläulichen Bademantel gehüllt, in den Waschraum, um seine Unterwäsche zu waschen. Neben ihm steht der frühere technische Direktor der I.G., ter Meer, der ebenfalls seine Wäsche wäscht und der von fern wie General de Gaulle aussieht. Oder man entdeckt in einer anderen Ecke des Waschraums Dr. Karl Rasche, Vorstandsmitglied der früheren Dresdner-Bank, der eifrig Spanisch lernt, denn er gibt sich der vagen Hoffnung hin, eines Tages nach Südamerika auswandern zu können. Im Nebenzimmer haust ein ehemaliger Offizier, der wirr im Kopf ist. Nach Tagen scheinbarer fügsamer Ruhe schreit er urplötzlich auf, jammert, heult, tobt, um dann, wenn er wieder still geworden ist, in einem unbewachten Augenblick durch die Nachbarzimmer zu gehen. Gesammelt und beherrscht wie ein Arzt, der seine Patienten nach ihren Schmerzen fragt, schiebt er sich gewichtig von Bett zu Bett und gibt einem unsichtbaren Assistenten Anordnungen. Das geht so lange, bis der Heilgehilfe, zunächst das Spiel mitspielend, ihn sanft beim Arm nimmt und in seine Stube zurückführt.

Seit der Kapitulation sind bereits zwei Jahre und etliche Monate vergangen, und noch immer sind die meisten dieser Männer hinter Stacheldraht ihres Schicksals ungewiss. Draußen aber, jenseits der Trennungslinie, die der Drahtverhau zieht, wo polnische Posten mit scharf geladenem Gewehr warten, da warten auch Frauen und Kinder auf ihre Männer und Väter. So leben diese Männer im Rücken der polnischen Posten, zählen die dahin schleichenden Tage, treffen sich im Kreis geistiger Zirkel und Aussprachen, bilden Diskussionsgruppen und lernen voneinander. So viel Miterlebtes, so viel Unerzähltes kommt hier zusammen, dass der Gesprächsstoff nicht ausgeht und die Unterhaltungen nie langweilig werden.

Kempka, Hitlers Fahrer in des Diktators frohen und bitteren Stunden, der Mitorganisator seiner düsteren Verbrennung im geschützumdonnerten Hof der Reichskanzlei, gibt Auskunft über die letzten Stunden im Bunker. Bleich und abgespannt von den nur langsam heilenden Wunden eines sehr schweren Autounfalls, sitzt er auf einem schmalen Eisenbett, ihm gegenüber Hitlers ehemaliger Leibarzt, Professor Morell, der bedächtig und in regelmäßigen Abständen seinen weißen, in der Gefangenschaft gewachsenen Spitzbart streichelt. Wer hätte das gedacht, dass sich die beiden, die mit Adolf Hitler im Todesbunker von Berlin waren, hier im gleichen Internierungslager, in der gleichen Krankenstube, todkrank der eine wie der andere, wiedersehen würden? Sie haben sich manches zu sagen, was nur sie aus nächster Nähe miterlebt haben. Dann tönt es von einem Bett zum anderen herüber: „Kempka, wissen Sie noch, wie der „Chef"........?" An diesem

Abend erzählt Kempka, wie „er es sah", wie er an jenen letzten Tagen mithalf, wie er mitagierte an dem dramatischen, turbulenten Finale des „Dritten Reiches." Draußen liegt schon die Dunkelheit über den Feldern. In den meisten Barackenstuben brennen milde Lichter. Auf dem dritten Bett im Krankenzimmer und auf ein paar schmalen Stühlen um einen kleinen Tisch sitzen ein früherer höherer Kommandeur der Waffen-SS, ein früherer deutscher Gesandter, ein ehemaliger deutscher Industrieller und drei weitere Mitinternierte sowie der Heilgehilfe. Von der Decke wirft die kahle Glühbirne einen matten Schein in die Stube, und während der ehemalige, hohlwangige Leibchauffeur Hitlers sich langsam seine Knast-Zigarette dreht, wirft der Ex-Diplomat die Frage auf, warum Hitler bei seiner wild-fanatischen Durchhalte-Parole, statt in Berlin zu bleiben, sich nicht rechtzeitig nach Süden abgesetzt und in die sogenannte Alpenfestung zurückgezogen habe, um den Kampf fortzuführen. „Was hat Hitler bewogen, angesichts der völlig intakten Bastionen Norwegen und Dänemark und der Möglichkeit, sich in die vielbesprochene Alpenfestung zurückzuziehen, in Berlin zu bleiben? Man möchte doch annehmen, dass Hitler seiner ganzen Einstellung nach eher geneigt war, jede Chance zur Fortführung des Kampfes auszunutzen, zumal er doch, so bestätigen es die „Wissenden" hier im Lager, auf ein „letztes Wunder" gewartet hat." Es ist Morell, des Diktators ständiger Begleitarzt, der auf diese Frage antwortet. Nachdenklich zwirbelt er dabei an seinem Bart. Er spricht mehr zögernd, als wolle er durch stärkere Konzentration seiner Gedanken das Geschehene noch einmal an seinem geistigen Auge vorbeiziehen lassen. Dazwischen sagt er mehrmals, wie zur Bekräftigung: „Ja, ja, so war es!"

Es gab zwei Konzeptionen damals in diesen entscheidenden Wochen vor dem Ende. Die eine, aufs Nachhaltigste von Hitlers Stellvertreter Bormann vertreten, wollte nach Süden ausweichen und in die Alpenfestung gehen. Man wusste im Hauptquartier, dass die Westmächte der Möglichkeit einer Weiterführung des Kampfes von der Alpenfestung aus, verbunden mit der Notwendigkeit einer militärischen Eroberung Norwegens und Dänemarks mit gemischten Gefühlen entgegensahen. Briefe entsprechenden Inhalts aus der Feder des amerikanischen Gesandten in der Schweiz waren der deutschen Führung schon im Herbst 1944 bekannt geworden. Die Ungewissheit darüber, ob der europäische Krieg gegen die deutschen Divisionen in Skandinavien gegen die noch intakten Einheiten der Waffen-SS und des Heeres im Alpengebiet weitergeführt werden müsse, scheint jedenfalls entscheidend beim Entschluss Roosevelts und Churchills mitgewirkt zu haben, dem Eintritt Russlands in den Krieg gegen Japan zuzustimmen und ihn sogar herbeizuführen. Die andere, gegen Bormanns Drängen zum Süden gerichtete Konzeption eines Verbleibens der deutschen Führung in Berlin wurde weitgehend von Goebbels vertreten und schließlich auch von Hitler akzeptiert. Im starken Maße mitbestimmend für den Entschluss Hitlers, so erzählt Morell, in Berlin das Schicksal abzuwarten, war noch immer Hitlers Überzeugung, dass der Westen im letzten Augenblick doch noch gegen die immer tiefer nach Europa vorstoßenden Russen Front machen würde. So glaubte Hitler, in seiner Meinung, immer wieder unterstützt von Goebbels, eine Art „Demonstration des guten Willens gegenüber dem Westen" dadurch durchzuführen, dass er, statt von der Alpenfestung aus die nordischen Divisionen zum Weiterkämpfen aufzurufen, in Berlin blieb, gleichsam als Symbol dafür, dass er den

Hauptfeind im Osten sah. Seine Anwesenheit in der von den Russen aufs Schwerste gefährdeten Hauptstadt Berlin sollte nach Hitlers Ansicht dem Westen bedeuten: „Ich verzichte auf die mir noch verbleibenden Kampfmöglichkeiten gegen euch. Der wahre Feind steht im Osten!" Sein letzter Wunschtraum, seine letzte „Intuition", sein letzter, in der allerengsten Umgebung mit gleichbleibender starrer Überzeugung ausgesprochener und sich selbst einsuggerierter Lageplan war: Der Westen macht Halt! Die verbleibenden deutschen Resttruppen schwenken auf Berlin um und machen, ungehindert von Eisenhower, Front gegen den Osten!" Morell schweigt. Dann wiederholt er sinnierend die Worte: „Ja, ja, so war es!"

Hitlers Mitkämpfer bis zu seiner Todesstunde, sein Fahrer Kempka, zieht an seiner, ob des schlechten Papiers bröckelnden Zigarette, dann meint er: „Zweifellos hat der „Chef" nicht geglaubt, die Amerikaner und Engländer würden Berlin den Russen überlassen. Er hat diese Überzeugung öfter ausge-sprochen!" Dann entsteht eine Pause. Die Männer in der Krankenstube rekapitulieren die letzten Apriltage vor der Kapitulation. Hitler glaubte also, man werde ihn in den drohenden Stunden der übermächtig werdenden sowjetischen Gefahr gegen den Osten weiterkämpfen lassen, wenn an der Elbe die Kanonen zum Schweigen kommen würden. Vielleicht sah er schon im Geiste die deutschen Divisionen aus Norwegen und Dänemark auf dem Rückmarsch nach Deutschland, um die Ostfront zu verstärken. Oder ging sein Wahn so weit, anzunehmen, der Westen werde die letzten verzweifelten deutschen Anstrengungen, um die Russen wieder zurück über die Oder zu treiben, aktiv fördern, nun, da dieses Deutschland dem Westen militärisch nicht mehr gefährlich werden konnte? Wahn, Aberwitz,

Wunschtraum? Wer will wissen, welche wirren Vorstellungen in jenen fiebrigen Wochen vor dem Ende in des Wortes wahrster Bedeutung durch den eigensinnigen Schädel des Diktators gegangen sind? Da sagt der Ex-Diplomat: „Es war ihm offenbar bis zum Schluss das Empfinden dafür völlig fremd, dass er, Hitler, nicht mehr verhandlungsfähig sein könnte." Die anderen Männer schweigen. Nur der Ex-Industrielle meint: „Das stimmt. Er sah sich noch im Mittelpunkt, als er schon längst zu einer historischen Figur geworden war." „Selbst mit Dönitz hat der Westen nicht verhandelt!" wirft der Heilgehilfe dazwischen und fragt Hitlers Fahrer Kempka, wie er, als das Drama dann seinen unerbittlichen Verlauf nahm, Hitlers letzte Lebenstage miterlebt hat. „Nicht alles hat darüber in den Zeitungen gestanden!" sagt Kempka langsam, so, als säße ihm der Schrecken noch in den Gliedern. Dann beginnt er zu erzählen. „Wie üblich ging ich von meiner Unterkunft in der Hermann-Göring-Straße zum Führerbunker, um zu sehen, ob es etwas für mich zu tun gäbe. Es war der 29. April. Der gesamte Führerstab, also in erster Linie der „Chef" mit Eva Braun, Dr. Goebbels und Frau, Bormann und Krebs, der letzte Generalstabschef, hatte sich in dem Bunker der Reichskanzlei etabliert. Ich traf den „Chef", der mich, wie stets in den letzten Tagen, ernst aber sehr gefasst empfing. Aber er war ja auch ein Meister im Verbergen seiner Gefühle. Man konnte ihm nie ansehen, was er wirklich dachte." Kempka fährt fort: „Ich bin überzeugt, dass Hitler bereits zu dieser Stunde, es war der Mittag des 29. April, den Plan gefasste hatte, aus dem Leben zu scheiden. Er hatte schon Tage vorher Ribbentropp weggeschickt und die meisten in seiner Umgebung von ihren Verpflichtungen ihm gegenüber entbunden." „Ja, ja, so war es", nickt Hitlers Leibarzt dazwischen und streichelt wieder seinen weißgrauen Spitzbart. Morell erzählt, wie kurz vor diesem 29. April das Dienstverhältnis seines Arztes aufgelöst und diesem gegenüber ihn tiefer Verbitterung zugerufen hatte: „Der Generalstab ist an diesem Ende schuld!" Jetzt sagt er Arzt weiter: „Ribbentrop wollte zunächst Berlin nicht verlassen. Er erklärte, der Befehl gelte nicht für ihn. Er werde in Berlin bei Hitler bis zum Schluss bleiben und mit ihm sterben. Erst als ihm gesagt wurde: „Das ist ein Befehl!" ging er. An dieser Stelle setzt Kempka seine Schilderungen fort: „Der Chef fragte mich, was es bei meiner Fahrbereitschaft Neues gäbe? Ich antwortete: zehn Tote und etliche Wagen zerschossen. Mit viel Mühe könnte ich noch drei Kraftwagen fahrfertig machen." „So, zehn Tote", antwortete Hitler, „das ist nun mal der Krieg, Kempka, das müssen wir aushalten." Dann fragte er seinen Fahrer: „Was haben Sie in den letzten Tagen gemacht?" „Ich habe Lebensmittel aus den Gebieten, in die die Russen eindringen, in das Hotel Adlon und andere Verbandsstätten gefahren, damit die Verwundeten nicht hungern." „So, wieviel haben Sie denn herangebracht?" „Etwa 300 Tonnen!" „Das ist ja schön", erklärte Hitler, „dann können sich die Lazarette wenigstens noch einige Zeit über Wasser halten." Er gab seinem Fahrer die Hand und sagte: „Ich danke Ihnen, Kempka, und wünsche Ihnen alles Gute!" Der Fahrer ging wieder in seine Fahrbereitschaft zurück. Am anderen Morgen erhielt er einen dringenden Anruf aus dem Führerbunker, sofort in die Reichskanzlei zu kommen und 200 Liter Benzin mitzubringen. „Ja, 200 Liter Benzin haben und nicht haben ist ein Unterschied! Ich habe sie nicht, und im übrigen halte ich es für besser, zu warten, bis der Artilleriebeschuss etwas nachlässt." „Nein, Sie müssen sofort kommen, und zwar mit dem Benzin. Versuchen Sie aus den zerschossenen Kraftwagen das Benzin herauszukratzen!" Kempka gab seinem Stellvertreter den Auftrag, die verlangte

Benzinmenge aus den zerschossenen Wagen abzufüllen und zum Vorplatz des Führerbunkers zu bringen. Es war nicht mehr möglich, die Benzinkanister auszugraben, die im Tiergarten versteckt worden waren. Atemlos fragte Kempka den Adjudanten Günsche bei seiner Ankunft im Führerbunker: „Was ist los?" Mit bleichem Gesicht antwortete dieser: „Der Chef ist tot!" Diese Nachricht wirkte auf Kempka wie ein Keulenschlag, obwohl sie nicht unerwartet kam. „Gefallen oder was?" „Nein, „selbst" erwiderte der Adjutant und machte eine Bewegung wie einer, der sich mit der Pistole in den Mund schießt. Dann erzählt er in kurzen, hastigen Worten, dass Hitler durch einen Pistolenschuss in den Mund seinem Leben ein Ende gemacht habe. „Und Eva?" „Sie hat sich ins Herz geschossen." In diesem Moment öffnete sich, tief unter der Erde, wo dieses Gespräch stattfand, die Tür zum Führerraum des Bunkers. Auf der Schwelle standen mehrere SS-Männer, Adjutanten, Bormann und Goebbels. Einen Augenblick zögerten sie. Dann brachten die Männer in den schwarzen Uniformen den entseelten Leib Adolf Hitlers hinaus. Er war in eine Decke gehüllt, die von den Waden bis zur Nasenwurzel reichte. Eine Hand hing schlaff herunter. Der Mann, vor dem ganze Völker gezittert hatten, war tot. „Für mich besteht kein Zweifel, dass es Hitler war!" unterstreicht Kempka diesen Passus seiner Erzählung. „Unmittelbar danach wurde der Leichnam Eva Brauns herausgebracht. Ich sehe noch ganz deutlich vor mir, wie er mit etwas hilflosem Gesicht Eva´s Leiche auf den Armen hatte, und ich ging hinzu, um beim Tragen zu helfen. Wir legten Evas Leiche neben dem toten „Chef" nieder. Dann übergossen wir beide mit dem Benzin und steckten sie in Brand. In diesem Augenblick vergaßen wir den Lärm der unvermindert weiter tobenden Schlacht um Berlin, das Heulen und Sausen der Granaten, ihr krachendes Einschlagen und

Zersplittern. Ergriffen standen wir um den allzu langsam brennenden Scheiterhaufen im Park der Reichskanzlei und gossen deshalb noch etwa 1OO Liter Benzin nach. Goebbels, Bormann, wir alle sahen schweigend den „Chef" zu Asche versinken. Dann kratzten wir die Asche zusammen und vergruben sie. Wahrscheinlich wurde sie später durch den Artilleriebeschuss versprengt." Kempka macht eine Pause, ehe er fortfährt: „Ich folgte meinen Kameraden in das Zimmer Adolf Hitlers. Hier hatte man sie gefunden. Ihn und Eva, auf einem kleinen Sofa, hinter einem niedrigen, runden Tisch nebeneinander sitzend. Eva Braun hatte sich ins Herz geschossen und war dann rechts auf Adolf Hitler gesunken. Die Pistole war auf ihrer rechten Seite auf den Boden gefallen. Hitler hatte sich in den Mund geschossen und war vornüber gesunken und mit dem Kopf auf den Tischrand geschlagen. Aus dem Mund tropfte Blut. Neben ihm lag seine Pistole. Für mich gab es nicht die Spur eines Zweifels, ich kam gar nicht auf den Gedanken, dass es etwa nicht Adolf Hitler gewesen sein könnte, den wir verbrannt hatten. Ich kannte den „Chef" gut. Als sein Fahrer war ich vierzehn Jahre lang nicht von seiner Seite gewichen. Es ist einfach unvorstellbar, dass er einen solchen Selbstmord theaterhaft inszeniert haben könnte, um etwa seine Flucht zu decken. So etwas lag Hitler gänzlich fern. Aber ich hatte ja auch den Leichnam Eva Brauns gesehen und auf meinen Armen getragen. Ich weiß mit tödlicher Sicherheit, dass es Eva Braun und keine andere war. Es ist gänzlich undenkbar, dass Hitler Eva Braun, die noch in letzter Minute seine Frau geworden war, einfach geopfert hätte, um selbst zu fliehen. Alle Kombinationen, die über Hitlers Tod im Ausland aufgestellt werden, halte ich für dumm und falsch."

Hier warf einer der Zuhörenden die Frage dazwischen, wieso denn die Russen dazu gekommen seien, den Tod Hitlers zu bezweifeln und zu sagen, dass sie nicht an seinen Selbstmord glaubten. Hatte nicht selbst Stalin während der Potsdamer-Konferenz zu dem damaligen amerikanischen Außenminister Byrnes gesagt, dass er vom Tode des deutschen Diktators nicht unbedingt überzeugt sei?

Und nun erzählt Dr. Morell von einem Erlebnis des Wiener Professors Eppinger, das dieser ihm selbst berichtet habe. Eppinger sei einmal von der Sowjet-Regierung nach Moskau berufen worden, um eine Krankheit Stalins zu heilen. Im Kreml seien Eppinger nicht weniger als fünf verschiedene Stalin-Typen vorgestellt worden, die alle verschiedene Krankheiten gehabt hätten. Eppinger habe nie gewusst, wer von diesen „Stalin-Männern" der richtige Stalin gewesen sei. Klingt das nicht unglaublich, geradezu phantastisch? Aber der Arzt bleibt bei seiner Erklärung und meint: „Sicher waren die Sowjets davon überzeugt, dass Hitler mehr oder weniger offizielle Doppelgänger gehabt habe. Diktatoren ist alles möglich." „Nein, Hitler ist tot", sagt sein Fahrer in bestimmten Ton, der keinen Zweifel zulässt. Dann fährt er fort: „Der Schlüssel zu Hitlers Selbstmord liegt meiner Meinung nach in Folgendem: Wir alle waren in der Reichskanzlei abgeschnitten. Die exakte Lage war noch nicht bekannt. Wir alle, auch der „Chef" warteten in der letzten Aprilwoche immer noch auf die angeblich zum Ersatz heranrückende Armeegruppe Wenck, hofften auf einen Durchstoß des Panzerkorps Stein, das bei Oranienburg operierte, und glaubten, dass Schörner gegen Dresden vorstoßen werde. Hitler war immer noch der Meinung, wie ich aus seinen Unterlagen weiß, man könne den Russen in diesen Sektoren mit Erfolg die letzte große Schlacht liefern und dann sofort mit dem Westen verhandeln. Er wurde in dieser Annahme dadurch bestärkt, dass, wie es hieß, etwa drei Marinebatallione aus der Luft zur Verteidigung gelandet waren als Vorhut von weiteren Marinetruppen, die bereits verladen sein sollten. Zweifellos glaubte Hitler, dass dieser Ersatz tatsächlich eintreffen werde. Es ist wahrscheinlich, dass er erst kurz vor seinem Tode erfahren hatte, dass Himmler, der bereits mit dem schwedischen Grafen Bernadotte Fühlung aufgenommen hatte, als Chef des Heimatheeres alle Dispositionen umgeworfen und Gegenbefehle gegeben hatte. Ich glaube, dass „der Chef" erst in dieser allerletzten Stunde erkannte, dass das Haupthindernis für Verhandlungen seine eigene Person war und dass er deswegen den Freitod gewählt hat."

Himmler, der in tödlichem Gegensatz zu Bormann im Kampf um die Nachfolgeschaft Hitlers stand, verfolgte bereits zu dieser Zeit den Leitgedanken: Berlin muss fallen, und Hitler muss untergehen. Männer seiner Umgebung bestätigten diese Tatsache im Internierungslager in Ludwigsburg. Dem schwedischen Grafen Bernadotte hatte Himmler erklärt, dass Hitler schwer herzleidend sei und die nächsten 48 Stunden nicht überleben werde. Wirklichkeitsfremd wie alle Nazi-Größen gab sich der Reichsführer noch Ende April 1945 der Illusion hin, dass er dank seiner und der von seinem Vertrauten Schellenberg Fühlungnahme mit dem Grafen Bernadotte bei den Alliierten eine gewisse Verhandlungsfähigkeit erworben habe. Dies berichten übereinstimmend zahlreiche höhere SS-Offiziere, die im Ludwigsburger Internierungslager saßen. Davon legt auch der frühere Finanzminister Schwerin-Krosigk Zeugnis ab, als er seinen Stacheldrahtgefährten über das an Hitlers Tod anschließende Intermezzo der Dönitz-Regierung berichtete. Was Kempka an jenem Abend weitererzählt, klingt sensationell. Er sagte, dass Goebbels Kinder am Leben geblieben sind. „Nachdem wir Hitlers und Evas Asche vergraben hatten, gingen wir zu Goebbels und seiner Frau, um uns von ihnen zu verabschieden. Wir wollten den Ring um die Reichskanzlei durchbrechen. Goebbels hatte schon vorhergesagt, dass er bleiben werde. Wir wussten, was das bedeutete. Todernst, aber äußerst gefasst und sich hundertprozentig in der Kontrolle haltend, trat er uns entgegen. Seine Frau war ebenso gefasst und tapfer wie ihr Mann. Da verlor eine Sekräterin die Fassung und fing hemmungslos an zu weinen. Frau Goebbels ging auf sie zu und sagte ihr tröstend: „Weinen Sie doch nicht, Sie werden schon durchkommen, und für Sie wird alles gut werden." Dann erklärt Hitlers Fahrer Kempka zum großen Erstaunen seiner Zuhörer: „Die Absicht der Goebbels, ihre Kinder zu opfern, ist nicht durchgeführt worden. Sämtliche in diesen dramatischen Stunden im Führerbunker Anwesenden, diese harten Männer in SS- oder in Wehrmachtsuniform, die dem Tod tausendmal ins Auge geschaut hatten und selbst nicht wussten, ob sie auch in dieser schwersten Prüfung, da der russische Würgegriff immer stärker wurde, sie verschonen werde, sie bestürmten den Propagandaminister, ihre unschuldigen Kinder nicht zu töten. Drängend und flehend klangen die Stimmen dieser Männer, die Goebbels und seine Frau umstanden. Sie baten darum, die Kinder mit dem Kinderfräulein aus dem Bunker der Reichskanzlei zu entfernen. Das Leben werde diesen Kindern sich noch eine Chance geben. Nur mit Mühe konnten wir Goebbels und seine Frau dazu bewegen, unserem Wunsch nachzugeben, doch schließlich taten sie es. Die Kinder und ihr Fräulein wurden durch einige SS-Männer noch rechtzeitig herausgebracht. Ob sie durchgekommen sind, wo sie hingekommen sind und was aus ihnen geworden ist, weiß ich nicht. Jedenfalls sind sie nicht vergiftet worden. Dieser Irrtum ist dadurch entstanden, dass Goebbels seine letzten Zeilen geschrieben hatte, als die Kinder noch bei ihm waren und er die Absicht hatte mit ihnen gemeinsam aus dem Leben zu scheiden."

Für Sekunden unterbricht Hitlers Fahrer seinen Bericht. Befremdet blicken seine Zuhörer ihn an. Einer sagt: „Aber es ist immer wieder behauptet worden, dass die Goebbels ihre Kinder im Todesbunker vergiftet haben, und dass sie mit ihren Eltern gestorben seien." Kempka antwortet jedoch bestimmt und schüttelt seinen Kopf: „Nein, das stimmt nicht. Das entspricht nicht den Tatsachen. Goebbels hat sich erschossen. Frau Goebbels nahm Gift. Auch ihre Leichen sollten verbrannt werden. Aber wir konnten sie nicht mehr ins Freie schaffen, weil der Beschuss schon zu stark geworden war. Man begoss die Leichen mit dem noch vorhandenen Benzin und zündete sie dann an. In kürzester Frist war durch das Feuer der Sog so stark geworden, dass wir nur mit größter Mühe die Tür des Bunkerraumes öffnen und hinauskommen konnten. So fand man später die Goebbels-Leichen nur angekohlt vor, da das Feuer durch den Sauerstoffmangel bald erstickt war". „Wie bist Du dann schließlich aus dieser Hölle herausgekommen?" fragen die Grünjoppen, die an diesem Abend des Winters 1946/47 in Kempkas Krankenzimmer seinem Bericht lauschen. Dieser erzählt, wie er seine Uniform mit Zivilkleidern vertauschte und sich über den Kohlenbunker der Reichskanzlei zum U-Bahnhof Kaiserhof und durch den U-Bahnschacht bis zur Station Friedrichstraße durchschlug. „Wir wollten über Tegel zunächst nach Wehrbellin, da dort noch eine intakte Einheit stehen sollte. Aber etwa in der ersten Häuserreihe hinter der Weidendammer Brücke lag bereits eine russische Panzersperre. Die Brücke selbst und die Straßen waren übersät mit Toten. Ich konnte mich mit einigen meiner Leute bis zum Admiralspalast vortasten. Wir wollten versuchen, in einem günstigen Augenblick durch die Panzersperre durchzukommen. Hier traf ich auch Bormann wieder. Der fragt mich: „Können wir hier nicht durch?" „Unmöglich!" „Dann müssen wir eben einen Panzer haben!" „Glauben Sie denn, Bormann, dass in ganz Berlin noch ein intakter Panzer aufzutreiben ist?" Ohne Unterbrechung wickelt Kempka den Film seiner Erlebnisse ab. „Aber, wie um mich Lügen zu strafen biegt, um die hinter uns liegende Ecke tatsächlich ein intakter deutscher Panzer. Wir bildeten eine Traube. Der Panzer rückt in Richtung Weidendammer Brücke vor. Etwa 3O Meter vor mir ging Bormann. Da heulte eine Granate heran. Volltreffer in den Panzer. Der Panzer explodierte, die Sprengstücke prasseln durch die Gegend. Für den Bruchteil einer Sekunde sehe ich ganz deutlich den vor mir gehenden Bormann, wie er die Arme in die Luft wirft und dann zusammenbricht. Auch hier gibt es für mich keinen Zweifel: Bormann ist tot! Dass man später seine Leiche nicht gefunden hat, ist ganz erklärlich, denn später rollten Panzer auf Panzer über die Brücke. Sie zerquetschten und zerdrückten die zu Hunderten herumliegenden Leichen wie Zeitungspapier. Da konnte man niemanden identifizieren. Auch nicht Bormann, der ebenso platt gedrückt und bis zur Unkenntlichkeit verunstaltet wurde wie all die vielen anderen. Ich selbst wurde durch den Luftdruck gegen das Geländer geschleudert und blieb dort einige Zeit völlig benommen liegen. Dann, als die Russen weiter vorgerückt waren, konnte ich mich durch die Panzersperre schlagen und landete völlig erschöpft in einem Lokal, wo saufende und grölende Russen eine rauschende Siegesfeier abhielten."

An dieser Stelle seiner Erzählung macht der ehemalige Fahrer Adolf Hitlers eine lange Pause, so, als durchlebe er den grausamen Kontrast dieses Geschehens, das er innerhalb von 48 schicksalsschweren Stunden erlebt hatte. Welch gewaltiger, nervenfressender Szenenwechsel in dieser kurzen Zeitspanne von der schaurig düsternen Verbrennung des einstigen Alleinherrschers über Deutschland, nur ein paar hundert Meter entfernt, zu diesem rauchverhangenen, grell erleuchteten Lokal, in dem es nach durchschwitzten Uniformen, starkem russischen Tabak und nach Schnaps riecht und in dem betrunkene Russen, darunter ein Kommissar, hemmungslos Siegeslieder brüllen, dass es sich an den Wänden bricht und doppelt grell in den Ohren klingt. Einen größeren Gegensatz der Atmosphäre, der Gefühle und Gedanken kann man sich kaum vorstellen.

Zu vollgefüllt mit Alkohol und zu tief im Siegesrausch sind die Sowjetsoldaten, um in dem schmächtigen, blassen Zivilisten, der mit ihnen auf den Tod Hitlers trinken muss, einen Mann zu vermuten, der erst vor vier Stunden eben diesen Hitler, den erbittertsten Gegenspieler Stalins, verbrannt hat. Pochenden Herzens sieht der Fahrer Adolf Hitlers dem wilden Treiben zu. Um sich nicht zu verraten, muss er im wahrsten Sinne des Wortes mit den Wölfen heulen, mitjohlen und mitsaufen. Mitbrüllen auf den Sieg der Roten Armee. Der Wirt, im Grunde seines Herzens ebenso entsetzt über das wüste Treiben ringsrum wie die anderen Nichtrussen im Lokal, muss immer neue Gläser heranschaffen. Die saufenden Sowjets haben ihre Freude daran gefunden, die Gläser ebenso schnell wie sie benutzt wurden, an die Wand zu knallen. Immer neu muss er die Gläser und Tassen mit Wodka füllen, den die Russen mitgebracht haben. In einer Ecke aalt sich, das Gejohle durch spitze „He-He-Schreie" eifrig mitinstrumentierend, eine Jugoslawin.

Sie schleudert russische Worte in das Tohuwabohu und spielt gleichzeitig Akkordeon. Rhythmisch und reißerisch, dann im Ton tief herunterdunkelnd, und schließlich immer schneller, immer schneller schießt sie die slawischen Lieder in die Köpfe und Herzen der mitunter rührselig werdenden Soldaten.

Neben ihr hockt eine ungarische Baronin und mit ihrer Tochter, die, um sich nicht zu verraten, das todernste Spiel mitspielen, russisch reden und dann, als das Fest seinem Höhepunkt entgegengeht, sie fast pausenlos mit den wildgewordenen Soldaten tanzen, dass die Stühle fliegen, noch mehr Gläser zersplittern und der Kommissar und die übrigen berauscht und begeistert in die Hände klatschen. Das steigert den Rhythmus, die Stimmung, das Fieber! Die Musikantin fasst den blutleeren Zivilisten, der da plötzlich in diesem wirbelnden Haufen aufgetaucht ist, fest ins Auge. Was nun? Hat sie mich erkannt, fragt sich Kempka bestürzt. Mit sicherem Instinkt weiß sie sofort, dass sich hinter diesen Zivilkleidern einer von Tausenden abgehetzten letzten Soldaten des gestürzten deutschen Diktators verbirgt. Aber sie hat Mitleid mit dem Jungen. Ehe dieser sich dessen bewusst wird, erklärt sie ihn vor allen Anwesenden zu ihrem Ehemann. Heimlich bedeutet sie ihm, dass er nichts zu fürchten habe. Die Russen waren zu besoffen, um das Spiel zu durchschauen, die Umarmungen und Küsse als wenig echt zu erkennen.

Schon jagte die Jugoslawin mit erneuten, anfeuernden He-he-Rufen einen neuen Tönenausch aus ihrem Akkordeon, dass die russischen Stiefel verzückt trampelten und sogar auf den Tischen tanzten. In einer kleinen Nebenkammer brach Hitlers ehemaliger Fahrer todmüde auf einem Haufen Lumpen zusammen. Doch nur für ein paar Stunden kann er alles vergessen und schlafen. Denn bereits im frühesten Morgen, noch ehe der Tag graute, weckte ihn die Jugoslawin aus bleierner Müdigkeit. „Stehen Sie auf! Sie müssen sofort weg! Die Russen durchkämmen Haus für Haus auf der Suche nach deutschen Soldaten. Ich begleite Sie. Auch die ungarischen Damen kommen mit. Wir wollen alle nach Westen!" Noch ehe die vom vorabendlichen Bachanal zurückgebliebenen Russen aus ihrem Rausch-Schlaf erwachen, verließ Hitlers Fahrer in Begleitung seiner Helferinnen das Haus. Kempka erzählt weiter: „Kamen wir an einer russischen Kontrolle vorbei, spielten meine jugoslawischen und ungarischen Gönnerinnen Theater. In überfließenden russischen Worten täuschten sie wilde Freude über den großen russischen Sieg über Hitler vor und umarmten stürmisch die russischen Soldaten. „Die Jugoslawin gab mich überall als ihren Mann aus. Diese Frauen sparten nicht mit Küssen und Lobsprüchen für die verdutzten, geschmeichelten Sowjets. Und immer gelang das Manöver. So kamen wir glücklich bis an die Elbe. Hier trennten wir uns." Verträumt macht der Erzähler hier wieder eine kleine Pause. Dann fährt er fort: „Bei meinem Abschied von der Baronin gab ich ihr zwei goldene Manschettenknöpfe, die für mich ein wertvolles Erinnerungsgeschenk einer Engländerin waren. Der Name der Ungarin ist mir leider entfallen. Ob sie mir wohl, wenn sie einmal hört, dass ich noch am Leben bin, diese Erinnerungsstücke zurückschicken wird?" Wieder macht er eine Pause. „Und was geschah dann?" fragen begierig die Grünjoppen um ihn herum, die mit steigender Spannung seinem Bericht gefolgt sind. „In einem günstigen Augenblick durchschwamm ich die Elbe. Ich arbeitete zunächst bei einem Bauern, der mich, natürlich ohne zu wissen, wer ich war, aufgenommen hatte. Aber dann trieb es mich doch nach Salzburg, um zu sehen, wie meine Frau alles überstanden hatte und ob sie noch am Leben war. Nach mancherlei

Zwischenfällen schlug ich mich auch wirklich bis nach Salzburg durch, wo ich Gott sei Dank meine Frau heil und gesund vorfand. Hier traf ich auch den SS-Adjutanten Augs. Über diese Begegnung war ich hocherfreut, da ich ohne einen Pfennig Geld war und Augs mir noch rückständiges Geld zu zahlen hatte. Ich wusste, dass Augs das Geld noch bei sich hatte. Er bestellte mich auf den nächsten Tag in seine Wohnung, da er nicht genügend Geld bei sich hatte. Aber was geschah? Als ich zu ihm kam, um mein Geld abzuholen, hatte er mich schon bei der nächsten amerikanischen Dienststelle angezeigt. Man erwartete mich, und ich wurde verhaftet. Mein Leidensweg durch die amerikanischen Internierungslager begann. Mein Schicksal ist euer Schicksal. Nur, dass ich tausendmal mehr Verhöre, mehr quälende Fragen und Demütigungen über mich ergehen lassen musste als Ihr, weil ich 14 Jahre lang der Leibchauffeur Hitlers gewesen und zuletzt bei ihm geblieben war, um dann mitzuhelfen, seinen letzten Willen zu erfüllen und ihn zu verbrennen."

Kempka schweigt erschöpft. Was er noch zu sagen hat, ist immer das Gleiche: Verhöre, Verhöre und nochmals Verhöre. Dazwischen Drohungen, man würde ihn an die Russen ausliefern, wenn er nicht alles sagen wolle. Aber was ist „Alles"? Mehr und immer mehr wollten die Amerikaner wissen, als tatsächlich vorging. Davon kann auch der Mann im anderen Bett, dieser völlig gebrochene, todkranke Arzt Hitlers ein Lied singen. In endlosen Verhören bei grellem Scheinwerferlicht, schmaler Kost, in kalten Zellen, manchmal nur mit einem Hemd bekleidet, haben sie ihn tage- und nächtelang mit den immer wiederkehrenden Fragen gequält: „Hatte Hitler Kinder? Hatte der Diktator einen Sohn? Wo ist dieser Sohn?" Auf diese Fragen konnte der Arzt immer nur mit „Nein" antworten: Doch viele schmerzliche Stunden musste er durchleben, ehe man diese bohrenden Fragen abstellte und die Pein beendete. Dann kamen die amerikanischen Journalisten, die bei Kriegsende über den großen Teich gekommen waren, auf der Jagd nach Sensationen. Sie fotografierten ihn, den hilflosen Kranken, von allen Seiten wie ein Tier hinter Zoogittern. Sie durchbohrten ihn mit herrischen Fragen, wollten von ihm, von Kempka und vielen anderen wissen: Ist Hitler tot? Lebt Bormann noch? Hatte Hitler einen Sohn? Wie ist Hitler gestorben? Und tausend andere Dinge mehr. Das waren keine Interviews forschender Zeitungsmänner, auch das waren Verhöre von selbstbestellten Inquisitoren.

„Ja, ja, so war es", sagt versonnen und gleichzeitig erschaudernd Morell und streichelt nervös, den finsteren Erinnerungen nachhängend, seinen spitzen weißen Bart.

Folgende Bücher des Autors Michael Schwädke sind bei Books on Demand erschienen:

„Gespräche mit dem Drachen" ISBN-Nr.: 978-3-8391-3464-1

„Gespräche mit dem Drachen", Die Gespräche gehen weiter. ISBN-Nr.: 9783743177178

„Neue Gespräche mit dem Drachen" ISBN-Nr.: 978 373 228 1701

„Gespräche mit dem Drachen" Alles hat seine Zeit.